シリーズ〈本と日本史〉②

遣唐使と外交神話

『吉備大臣入唐絵巻』を読む

小峯和明
Komine Kazuaki

a pilot of wisdom

まえがき

遣唐使といえば、ああ、あれか、とすぐにイメージできるほど日本の歴史上よく知られた存在である。遣唐使が日本文化の形成に大きな役割をはたしたことは、あらためて言うまでもなく、東アジアをめぐる異文化交流の象徴、花形であり、古代に夢やロマンを託す絶好の対象でもある。その歴史は、名高い聖徳太子時代の遣隋使をうけて、七世紀前半から九世紀前半に及ぶ。飛鳥《あすか》時代から奈良時代を中心に平安時代前期まで、おおよそ二百年以上にわたる。隋を滅ぼした唐が世界的な大帝国として繁栄した状況に応じて、また三国時代の抗争から統一新羅《しらぎ》に至る朝鮮半島の緊張関係や渤海《ぼっかい》との正式の国交等々、東アジアの国際情勢と連動して断続的に派遣された。派遣の回数については諸説がある。おおよそ十八次に及ぶが、実際に派遣されたのは、十五回とみるのが定説である。

その時々で事情は異なるが、一回の派遣で船が一隻から四隻仕立てられ、一隻に百人以上乗船するから、多い時は総勢四百から五百人もの人員が加わったとされる。乗員は貴族の高官の大使や副使を筆頭に、下級の官吏、留学生や各寺院からの留学僧をはじめ、さまざまな分野の技術者、工人、囲碁の名人に至るまで、各専門分野の人々が参加した。いわば、古代の一大プロジェクトであった。

それだけ多くの人々がそれぞれの異文化を肌で吸収し、多種多様な先進文化の文物や技能技術を習得し、持ち帰り伝えた。人の数だけ多様な文化が生まれた。その軌跡の総体が日本の古代文化の基礎を築いた。それぞれの人間模様があり、それぞれの生と死があった。遣唐使という言葉には、歴史の中から甦《よみがえ》ってくるある種のロマンが漂うことを否定できない。大唐をめざした苦難の旅への共感、異国や異文化へのあこがれや恐れがないまぜにされた想《おも》いに駆られる。世界帝国として繁栄を誇った大唐長安《ちょうあん》の華やかな文化を直接享受、吸収して日本に持ち帰り、日本文化の礎を造った人々への感嘆や驚嘆、命をかけた航海の苦難に満ちた旅、不運にも遭難したり未知の世界に漂着して命を落としたり、日本に帰れずに亡くなった人々への哀惜、追悼の想いもわいてくる。数限りないドラマがそこにある。無事に帰還できた人と、遭難して戻れなかった人と、その運命の分かれ道はどこにあったのか。栄光と挫折のあやなす遣唐使の軌跡のありようは、二十一世紀の今日、ますます複雑化する国際社会において、今もなおあらたな問いを投げかけ続けているようである。

従来、遣唐使の問題は、当然ながら歴史学の専門分野として多くの研究が積み重ねられている。その実体を文字通り歴史的に追跡してたどりなおすのが学問の常道である。しかし、昨今の東アジアにおける複雑な情勢を見るにつけて、過去の歴史を実証的にたどるだけでは、見えてこない問題もまた少なくないように思われる。遣唐使が廃止されて終息すれば、そのまま遣唐使にまつわる問題がすべて終わるわけではない。とりわけ九世紀末期に正式に遣唐使が廃止されて以降、むしろ遣唐使の問題はより幻想化され、想像力を増して、あらたに再生産されてゆく。遣唐使のイメージはより肥大化し、多様化していくのである。これは遣唐使になぞらえた、あらたな国際交流の試みにも通ずるし、緊張する対外関係を背景に、あるべき交流の姿を模索して生み出される範型となる。そこには遣唐使への限りない夢が託され、記憶と幻想が混じり合った、あらたな遣唐使〈像〉が創造されていく。これを遣唐使の〈外交神話〉と呼ぶこともできるだろう。

東アジアの地政学からみて、中国、朝鮮半島、日本を囲む国際情勢は時代を問わず揺れ動いており、ますます複雑な状況をきたしている。遣唐使の歴史と文化はそうした情勢をとらえ返す上からも見のがすことができない。遣唐使の課題には終わりがないことを痛感させられる。

そのような幻想の遣唐使の問題をここでは追究してみたいと思う。実証的な遣唐使ではなく、むしろ後代に仮構され、再創造された遣唐使の〈像〉をとらえていきたい。歴史学の多大な成果に拠《よ》りつつも、そこから逸脱した、あるいはそこから漏れ落ち、抜け落ちた分野に、特に文学の領域から照明を当てて検証していきたい。

以上の前提から、ここでは十二世紀末期から十三世紀初期にかけて制作された有名な『吉備《きび》大臣入唐《だいじんにっとう》絵巻』を中心に考察したいと思う。この絵巻は、十一世紀後半から十二世紀初期の院政期を代表する学者、大江匡房《おおえのまさふさ》の談話を筆録した『江談抄《ごうだんしょう》』にみる吉備真備《きびのまきび》の物語をもとに、時の後白河院が宮中の絵所で作らせたとされる。ほぼ同じ所で作られた『伴大納言《ばんだいなごん》絵巻』と『彦火々出見尊《ひこほほでみのみこと》絵巻』と共に、中世の十五世紀には戦乱を避けて、若狭《わかさ》の小浜に疎開され、そのまま現存し、この『吉備大臣入唐絵巻』だけ昭和になってからアメリカのボストン美術館に渡ったのである。同じ場所で同じように作られた三つの絵巻がたどった軌跡は実に数奇なものであった。原本が江戸城に献上された結果、焼失の憂き目にあう『彦火々出見尊絵巻』に比べれば、『吉備大臣入唐絵巻』は後半部が欠脱したとはいえ、まだ幸運であったといわなければならない。ちなみに『彦火々出見尊絵巻』は献上の際に模写された絵巻が小浜の明通寺《みょうつうじ》に現存、『伴大納言絵巻』は現在、東京の出光美術館に所蔵される。

この『吉備大臣入唐絵巻』の物語は、奈良時代後期の官僚で遣唐使に二度も派遣され、最後

『吉備大臣入唐絵巻』の遣唐使船　（『吉備大臣入唐絵巻』ボストン美術館所蔵　William Sturgis Bigelow Collection, by exchange 32.131　Photograph © 2018 Museum of Fine Arts, Boston.　All rights reserved. c/o DNPartcom）

は右大臣にまでなる吉備真備が、中国で王から課せられた難題をことごとく解決して日本に戻るまでを描いた、まさに遣唐使の縦横無尽の活躍をテーマとする絵巻物である。しかも、ここには真備と共に長安に渡ったはずの阿倍仲麻呂《あべのなかまろ》が先に渡唐して亡くなり、鬼の姿となって登場し、真備の難題解決を援助して奔走する様子が描かれている。遣唐使の代表といえば、この二人であることは、すでに時の正史である『続日本紀《しょくにほんぎ》』にもみえる。まさに、ザ・遣唐使と言いうる人物であった。

真備に課せられた難題は、中国古典の『文選《もんぜん》』の解読、囲碁の対局、予言書『野馬台詩《やまたいし》』の解読という三つである。最初の二つは鬼の仲麻呂の援助でクリアできるが、最後の暗号のごとき『野馬台詩』は仲麻呂もお手上げ、はたしてどうなるかは、後の章をお読みいただくとして、ここでの最大の難題ならず難問は、絵巻の現状では『野馬台詩』解読場面から最後までが欠けてしまっていることである。

最も肝心の最後の難題が欠けていること、しかもその欠けた部分こそがこの絵巻の眼目でもあったであろうことを、ここでは追究してみたいと考える。

物語の内容は、真備と鬼の仲麻呂が幽閉された楼閣から抜け出して空を飛んで宮中に侵入したり、囲碁で敵の石を呑《の》んで下剤を飲まされてもばれないように術を使ったり、太陽と月の動きを封じて真っ暗闇にしたり、さまざまな術を駆使して並み居る王や人々に舌を巻かせる縦横の活躍をみせる。今からみればあり得ない話で、まさに荒唐無稽、奇想天外の説話で、実証的な歴史学ではまともな対象になりようがなかった。しかし、この話が大江匡房の談話から発せられるように、平安の貴族社会では遠い奈良時代の遣唐使の活躍を伝える話として尊重され、語り継がれてきたわけであるし、しかもそれをわざわざ後白河院が絵巻にまで仕立てさせるとはどういうことであろうか。これをたんに荒唐無稽のあほらしい説話として片づけられるのであろうか。

この絵巻は何を目的になぜ作られたのか、まさに遣唐使への夢と想いを託した何らかの意味があったはずで、その真意をさぐる必要があるだろう。貴族社会での説話の語り継ぎや当時の至宝にも相当する絵巻の制作、それもまた歴史の営みであろう。

とりわけ、この物語を絵巻に表わす意味は、真備の活躍を可視化したいという、やむにやまれぬ想いからきている。言葉の問題と同時に絵画のもつ意味を無視できない。写真もテレビも映画もない時代、映像がない時代における絵画のもつ役割は絶大であった。我々の想像する以上に、絵画に託された意義や役割は重かったであろう。

ことに本書の〈本と日本史〉シリーズの「本」には、ぜひとも絵巻を加えたい、という思惑がある。物語本文（詞書《ことばがき》）を伴う絵巻は、絵画の美術品であると同時に文学作品でもある。巻物という書物でもある（書誌学では、巻子《かんす》という）。絵と文章が一体化した総合性を持っている。だから、物語のテキストを読むと同時に、絵画をも読まなければならない。言葉の世界と絵の世界がどのようにかかわり、交わり、あるいは反発し離反し合っているのか、言葉と絵の双方を読み込んで初めて絵巻全体の解読ができたといえるであろう。

その意味でもこの『吉備大臣入唐絵巻』は、さまざまな解読を誘い続ける絶好の対象である。

また、それと同時に、遣唐使の問題は今まであまりに日本中心でとらえられすぎてきた、という印象を免れない。日本の遣唐使とほぼ同時代に、朝鮮半島の新羅は日本と比較にならないほど多くの遣唐使を派遣していた。国家による正規の遣唐使か否かは今措《お》いて、唐に渡った新羅の人々の姿は、遣唐使の留学僧の一人で山東半島から五台山、長安にまで赴いた円仁《えんにん》の名高い『入唐《にっとう》求《ぐ》法《ほう》巡礼《じゅんれい》行記《ぎょうき》』などにも深く刻み込まれている。地続きのせいもあり地政学の問題もあるが、新羅と日本とのそれは同じか違うのか、すでにいくつか研究が出ているが、より広範に東アジアの視野から遣唐使の問題も考える必要があるだろう。

ここでは、そうした課題に近づくために、統一新羅末期の文人で中国の科挙にも受かった崔《さい》致遠《ちえん》を例に真備とあわせてみておきたい。

以上のように、絵巻を中心にすえることで、分野も絵画と文学と歴史にまたがり、また夢と幻想領域から、時代も遣唐使が終わって以後の十世紀から十九世紀あたりにまで及ぶ長い時代にわたり、さらには地域も日本だけではなく、朝鮮半島など東アジアにもわたることになる。

いざ、夢の遣唐使船に乗って物語の旅に出航したい。

目次

第四章　遣唐使の神話と伝説――131

終章　東アジアの回路へ

図版制作／MOTHER

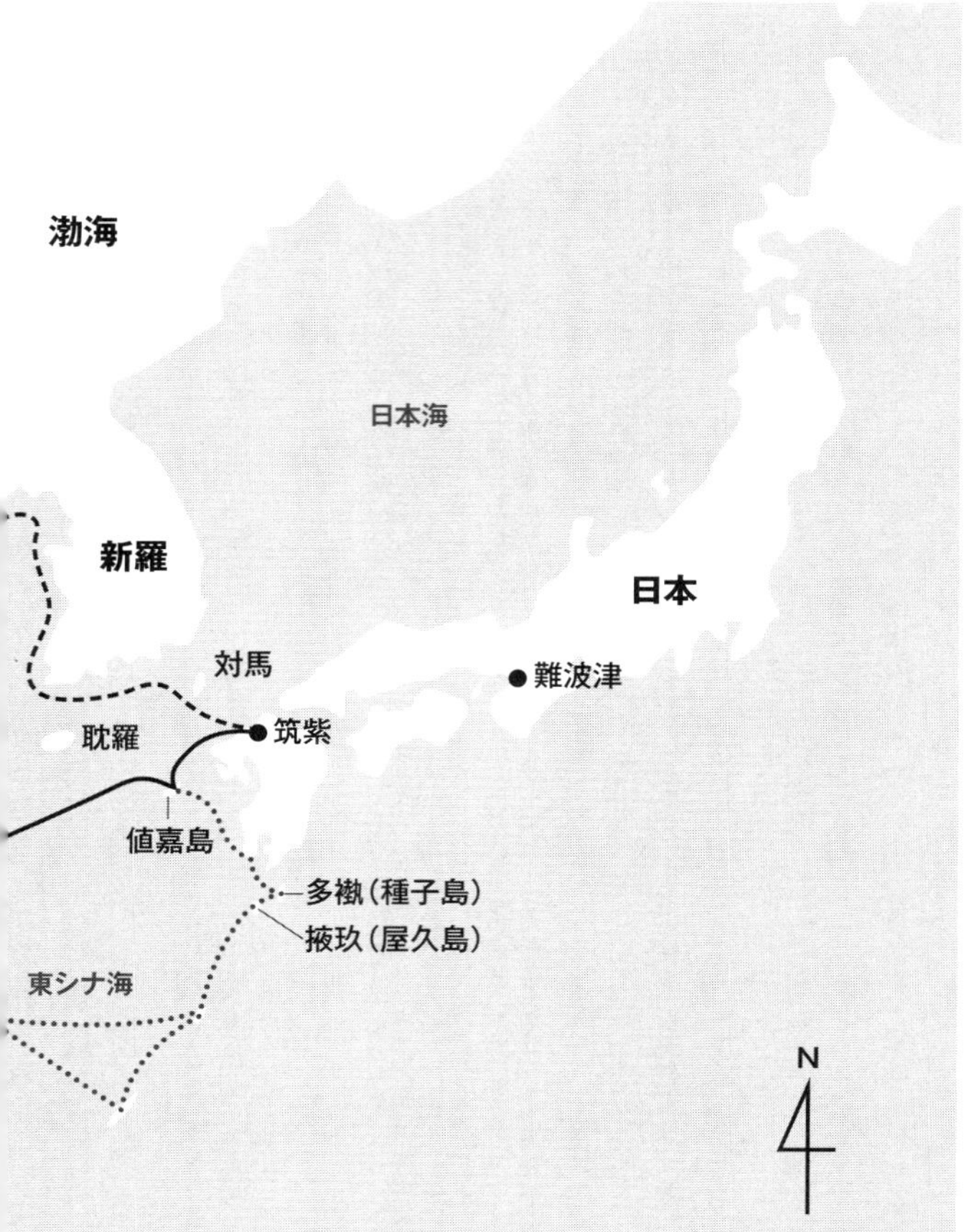

王勇『唐から見た遣唐使』（講談社、1998年）をもとに編集部にて作成

遣唐使のたどった道

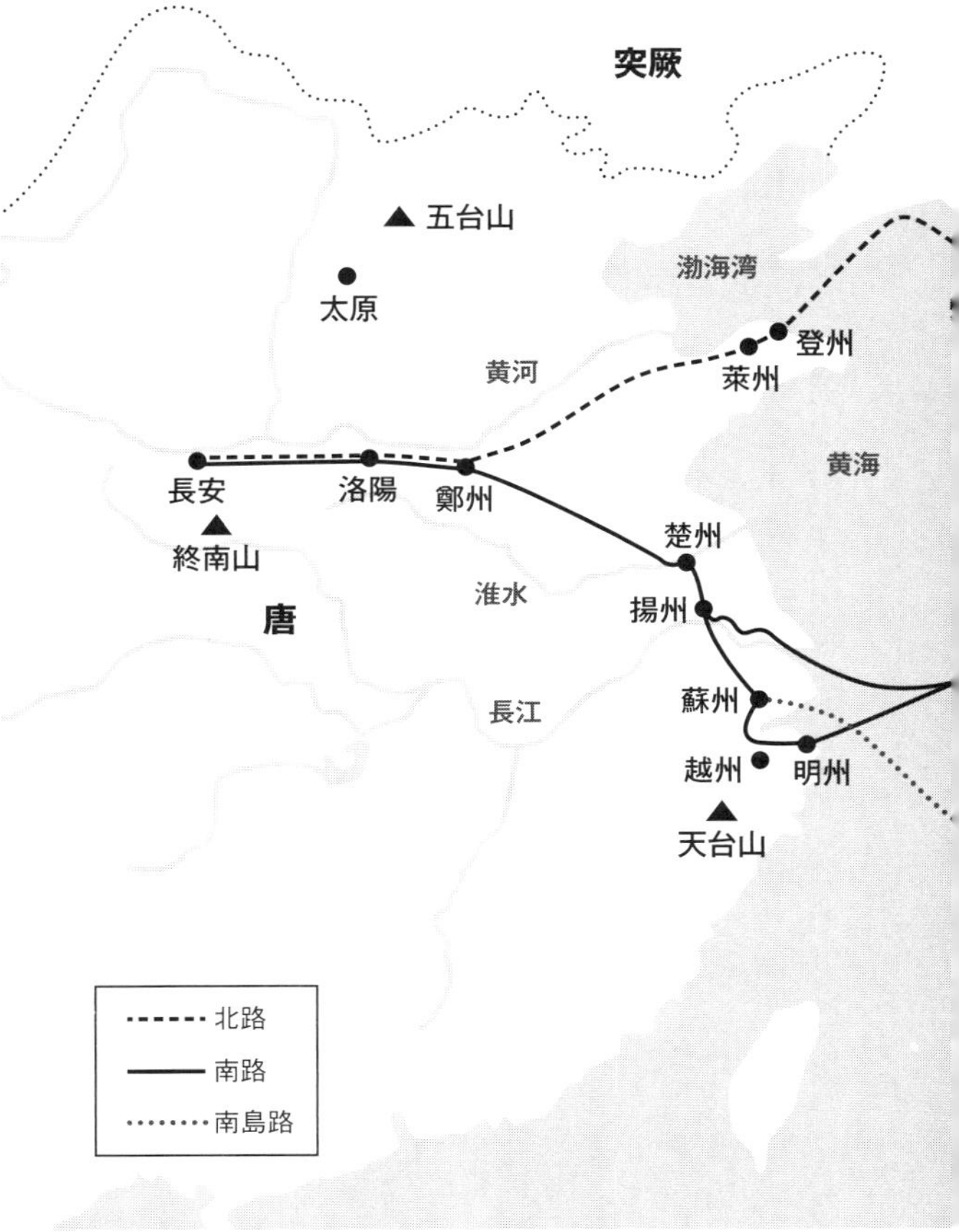
突厥
五台山
太原
渤海湾
黄河
登州
萊州
黄海
長安
洛陽
鄭州
終南山
楚州
淮水
揚州
唐
蘇州
長江
越州
明州
天台山
北路
南路
南島路

第一章　吉備真備——人物と文物

I　遣唐使の群像

遣唐使という存在

「まえがき」で述べたように、遣唐使は古代史において重要な位置を占め、すでに多くの研究が積み重ねられている。地道な実証的研究と同時に想像も交えてドラマチックに描かれたりもするが、内実を探っていくとまだ分からないことが多い。そもそも遣唐使はいったい何回派遣されたか、意外にもその回数が研究者によって一定していない。派遣に失敗したり、計画だけで未遂に終わったものも含めるか否かなど、基準の置き方によって違ってくるからだが、おおよそ十八次のうち実際の渡海は十五回とすることでほぼ一致するとみなせる。ここでは、実際に派遣された十五回を基準にしたい。

しかし、いったい何人の人が海を渡り、中国で何を見、何をしたのか、どういう人々と出会ったのか、何を習得し、何を持ち帰ったのか、日本に戻ってからどうなったのか、戻れなかった人の行く末はどうであったのか等々、追究していくと、その全貌をとらえるのは容易ではな

遣唐使の航海　全15回

回	出発年	時代区分	使節名他	帰国年	航路
第一回	六三〇（舒明二）	初期	犬上三田耜、薬師恵日	六三二	北路
第二回	六五三（白雉四）		吉士長丹、吉士駒	六五四	
第三回	六五四（白雉五）		高向玄理、河辺麻呂	六五五	
第四回	六五九（斉明五）		坂合部石布、津守吉祥	六六一	
第五回	六六五（天智四）		守大石（送唐客使）	六六七	
第六回	六六九（天智八）		河内鯨	不明	
第七回	七〇二（大宝二）	中期	粟田真人、坂合部大分、山上憶良	七〇四	南島路
第八回	七一七（養老一）		多治比県守、阿倍仲麻呂、吉備真備	七一八	
第九回	七三三（天平五）		多治比広成、中臣名代	七三四	
第一〇回	七五二（天平勝宝四）		藤原清河、大伴古麻呂、吉備真備	七五三	
第一一回	七五九（天平宝字三）		高元度（迎入唐大使）	七六一	
第一二回	七七七（宝亀八）	後期	小野石根、大神末足	七七八	南路
第一三回	七七九（宝亀一〇）		布勢清直（送唐客使）	七八一	
第一四回	八〇四（延暦二三）		藤原葛野麻呂、石川道益、空海、最澄	八〇五	
第一五回	八三八（承和五）		藤原常嗣、長岑高名、円仁	八三九	

上田雄『遣唐使全航海』（草思社、2006年）及び鈴木靖民「遣唐使と古代の東アジア」（遣唐使船再現シンポジウム編『遣唐使船の時代』角川選書、2010年）の表をもとに編集部にて作成

い。一度の派遣で、数百人もの人員が船に乗り込んだわけで、記録に名を残さない人の方がはるかに多かったことになる。乗員それぞれの人生がそれぞれの軌跡を描いたことであろう。

その中でも、とりわけ活躍が際立った人物や、遭難したり帰還できずに悲運に見舞われた人物がいて、ことに衆目を集めやすく、永く記憶され、語り継がれることにもなる。以下、よく知られている例ばかりであるが、いくつか拾っておこう。

伊吉博徳《いきのはかとこ》の記録

『日本書紀』孝徳紀の白雉《はくち》五年(六五四)二月条に、押使《すべつかい》高向玄理《たかむくのげんり》ら第三次遣唐使の一員が新羅道を経由して唐の長安に至り、時の高宗に謁見したことが記される。高向玄理は唐で没したとされ、その後に「伊吉博得」(「博徳」とも)の言として、遣唐使たちのその後の行く末が簡略に引かれる。いわく、学問僧恵妙《えみよう》は唐で没、知聡《ちそう》は海で没、智国《ちこく》も海で没、智宗《ちそう》は持統四年(六九〇)、新羅の船で帰還、覚勝《かくしよう》は唐で没、義通《ぎつう》は海で没、定恵《じようえ》は天智《てんじ》四年(六六五)に唐の劉徳高《りゆうとくこう》の船で帰還、妙位《みようい》・法勝《ほうしよう》・学生氷連老人《ひのむらじおきな》・高黄金《こうおうこん》ら十二人、別に倭種韓智興《やまとのうじかんちこう》・趙元宝《ちようがんほう》らも従者と共に帰還した、という。

この「伊吉博得」の言は、その後の斉明《さいめい》紀の遣唐使関連記載の年次に応じて「伊吉連《むらじ》博徳書」として数度引用されるものと同一とみなされる。博徳自身、斉明朝遣唐使の一員で、帰還後に記録を提出し、『日本書紀』の資料として採択されたものである。先の孝徳紀には持統四年の年次までみえるから、後年に提出されたのであろう。孝徳紀の「伊吉博得言」と、斉明紀の「伊吉連博徳書」とでは、記録のあり方が異なるが、博徳が自己の派遣時だけでなく、過去の遣唐使の記録もまとめていたのであろう。

「伊吉連博徳書」は斉明五年（六五九）七月条の出発から、六年七月、七年五月の帰還に至るまで、断片的に引用される。起点は坂合部石布連《さかいべのいわしきのむらじ》、津守吉祥連《つもりのきさのむらじ》らの二船が遣唐使として出発、朝鮮半島の当時の百済《くだら》南部の多島海から東シナ海に出て、石布連の船が南の「爾加委《にかい》」島に漂着、島人に殺されるが、東漢長直阿利麻《やまとのあやのながのあたいありま》や坂合部連稲積《いなつみ》ら五人は島人の船を盗んで逃げて括州《かつしゅう》に至り、州県の官人が洛陽《らくよう》まで送り届ける。吉祥連の船は越州の会稽《かいけい》県の須岸山《しゅがんざん》に至り、さらに東北の激しい風にあおられて余姚《よよう》県に至り（地名はいずれも現在の浙江《せっこう》省）、長安から東都洛陽に赴き、高宗に謁見する。この時、道奥《みちのく》の蝦夷《えみし》二人を伴っていて、高宗に捧《ささ》げ、蝦夷をめぐる高宗とのやりとりもみえる。さらに韓智興の従者が讒言《ざんげん》して倭使が罪を蒙《こうむ》り、まず韓智興が配流されたが、他の者は許されたようだ。これには、博徳の奏上が功を奏したらしい。また、新羅が百済制圧のために唐に援軍を求めてきて、この戦禍を避けるため、帰還が許されなかったという。

さらに斉明六年七月条では、百済滅亡後の太子らが長安に拉致されてきたことにもふれ、倭使の帰国が許される。ついで斉明七年五月条で具体的な帰還が「伊吉連博徳書」より引用される。頂岸山（今の浙江省舟山《しゆうざん》列島）あたりより西南の風に乗って大海に出るが、漂蕩辛苦《ひようとうしんく》し、耽羅《たんら》（済州島）に至り、王子阿波伎《あわき》らを伴って朝貢させる形になり、その様にふれて終わる。

百済滅亡によって、ひとまず日本の遣唐使も帰国することができたわけで、遣唐使の派遣がたんに日中の一対一対応ではなく、朝鮮半島や東南アジア、北方の蝦夷との関係など、東アジアの国際情勢に深く連関することがよく分かるであろう。

博徳の経歴は詳《つまび》らかではないが、天智六年十一月に唐使司馬法聡《しばほうそう》らの送使として渡り、翌年戻っている。その後、朱鳥元年（六八六）十月、大津皇子の事件に連座するが許され、持統九年九月には新羅派遣使となり、文武《もんむ》四年（七〇〇）には大宝律令の編纂者《へんさんしや》にもなっている。いわば、若き外交官から律令制定にかかわる中枢の官吏に至った人物とされ、遣唐使の記録も重視されたのであろう。

何より最初の「言」に示される遣唐使一人一人の生と死は、押使高向玄理の唐での客死をはじめ、詳細が記されず、ただ唐で死んだ、海で死んだ、としか書かれないゆえに、いっそう想像を刺激してやまないものがある。唐で亡くなった高向玄理や恵妙、覚勝はどこでどのような生涯を送ったのか、海で亡くなった知聡、智国、義通らはどのような遭難だったのか、疑問は尽きない。博徳の記録がなければその名さえ知られず、その生と死は痕跡を残さなかったわけで、ここに記録されたことの意味は大きい。

井真成の墓誌

名前だけあらたに分かった遣唐使といえば、「井真成（せいしんせい、いのまなり）」がいる。彼は千数百年後に偶然発見された墓誌によって、初めてその存在が明らかになった人物である。二〇〇四年十月、西安の西北大学が公表した井真成の墓誌はそれまでまったく知られていなかった遣唐使の一員を示す貴重な資料で、にわかに脚光を浴びることになった。まさに大唐の古都長安で埋もれていた墓誌が、西安市内の工事現場で発見されたのである（現在、西北大学博物館所蔵）。

墓誌には、「贈尚衣奉御井公墓誌文幷序」とあり、日本人留学生の井真成が、開元二十二年（天平六年・七三四）正月に死去したので、「尚衣奉御」の官職を遺贈されたと記される。日本名は不明。享年三十六歳。逆算すると、文武三年（六九九）の生まれとなる。遣唐使の一員とし

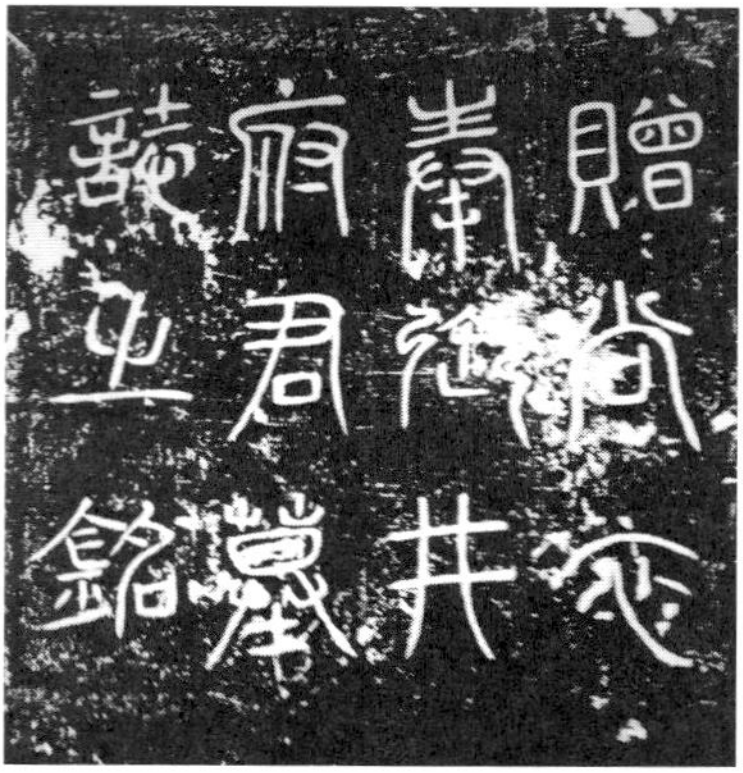

井真成墓誌
（中国・西北大学博物館所蔵　写真提供：ユニフォトプレス）

て中国に渡ったのは、吉備真備や阿倍仲麻呂と同じ第八次の霊亀三年（養老元・七一七）の時と思われ、まだ十代であったことになる。墓誌には「国号日本」とあり、現存の石碑のなかで日本の国号を称した最古例とされる。碑文には、「礼楽を踏み、衣冠を襲い、束帯して朝に」云々《うんぬん》とあるから、長安の官吏となったのであろう。墓誌末尾の「形は既に異土に埋むるとも、魂は故郷に帰らんことを庶《ねが》う」の一節が哀悼の想いをよく表わし、胸を打つものがある。真成の没年に、真備や玄昉《げんぼう》を乗せた帰りの遣唐使が出発する。この二人と真成はよく知り合っていた可能性が高い。

ちなみに、日本では「井真成」が誰かが問題視され、「井」は「葛井《ふじい》」（藤井）につらなるとの見解から藤井寺市が名乗りをあげ、「まなりくん」のキャラクターや「まなり饅頭《まんじゅう》」まで作って、墓誌の招致や返還運動を巻き起こすまでに至った。一箇の人生が甦った典型で、今後もそのような例がまた出てくるかもしれない。

羽栗翼・翔の兄弟

遣唐使の中には、中国人と恋愛し結婚して子どもをもうける例も少なくなかったようである。なかでも、羽栗翼《はぐりのつばさ》（「たすく」とも）と翔《かける》の兄弟は有名である。ともに遣唐使の羽栗吉麻呂《よしまろ》と中国女性との間に長安で生まれた。翼は養老三年（七一九）に生まれ、天平六年（七三四）、父吉麻呂の帰国に伴って遣唐使船により来日した。真備や玄昉の帰国と一緒であった。ちょうど先の井真成が亡くなった頃に当たるから、羽栗家と真成も長安で交流があったであろう。

翼はいったん出家するが、朝廷の命によって還俗《げんぞく》、官吏として登用される。宝亀六年（七七五）には、遣唐録事に任命され、さらに遣唐准判官となり、翌年には大外記《だいげき》と勅旨大丞を兼任。宝亀八年には、第十二次の遣唐使として副使小野石根《おののいわね》らと入唐する（石根は帰路に遭難）。その際、日本で産出した白鑞《しろめ》らしき金属を持参し、揚州《ようしゅう》で鑑定を行ったという。翌年、長安に至り、帰国する。遣唐使で大使として入唐後に客死していた藤原清河《きよかわ》の娘喜娘《きじょう》を伴っている。また、唐の『宝応五紀暦経』を日本に持ち帰り、朝廷に献上している。

天応元年（七八一）、桓武《かんむ》天皇の命により、難波《なにわ》で朴消《ぼうしょう》を精製。本草学に詳しく、延暦五年

（七八六）には内薬正兼侍医となり、天皇に近侍した。没したのは、延暦十七年五月とされる。

一方、弟の羽栗翔はまた別の人生を歩んだ。父の羽栗吉麻呂、兄の翼と帰国。天平宝字三年（七五九）、藤原清河を迎えるための第十一次の遣唐使に遣唐録事として加わる。渤海を経由し、大使高元度《こうげんど》とともに入唐、渤海の賀正使と長安に向かった。しかし、玄宗と楊貴妃《ようきひ》の悲劇にもつながる安禄山《あんろくざん》・史思明《ししめい》の反乱、世にいう安史の乱（七五五〜七六三）が起きて唐は騒乱状態であり、清河は帰国を許可されず、羽栗翔を清河のもとに留《とど》めて遣唐使は帰国してしまう（『続日本紀』天平宝字五年十一月三日条）。いわば、置き去りにされた形で、その後の消息は不明である。兄の翼が乱の平定後七七七年に遣唐使として長安に来るから、あるいは兄弟二人は再会しているかもしれないし、その時点で消息が分からなくなっていた可能性もある。

ちなみに円仁の『入唐求法巡礼行記』では、開成五年（八四〇）三月、登州の開元寺に宿泊した際、堂内の西方浄土と補陀落《ふだらく》浄土を画《えが》いた壁画を見、それが日本国使の願によることを見《み》出《いだ》す。その一人に「録事正六位上羽豊翔」とあり、「豊」は「栗」の誤認でまさしく羽栗翔である。天平宝字三年の入唐の時のもので、八十年後に円仁が見出したことが特筆される（高木博『万葉の遣唐使船』）。

藤原清河

ついで悲運の遣唐大使藤原清河にもふれておこう。清河は藤原氏北家の祖房前《ふささき》の四男で、参議に至る。第十次遣唐大使として天平勝宝四年（七五二）入唐、長安に入り、時の玄宗に「君子人なり」と称賛されたという。翌年の諸蕃《しょばん》の朝賀に出席。その席上、日本の席次が新羅より低かったことに抗議し、席を替わらせたことはよく知られている。この時の副使が大伴古麻呂《おおとものこまろ》と吉備真備で、真備は二度目の派遣であった。清河は後に阿倍仲麻呂と共に唐朝に仕えたが、暴風や安史の乱により日本への帰国は叶《かな》わず、在唐のまま七七八年に死去した。

清河の不運は天平勝宝五年の帰国船にあった。在唐三十五年にも及び唐の高官になっていた阿倍仲麻呂を連れ帰るのと、日本への渡航を企図する鑑真《がんじん》一行も乗せるのが目的であった。当局が鑑真の出国を禁じたため清河はその乗船を断念したが、副使の大伴古麻呂が独断で鑑真を自らの船に乗せる。船は揚州を出航したが、清河と仲麻呂の乗る第一船は暴風雨に遭って、唐南方の安南の驩州《かんしゅう》（現在のベトナム中部ヴィン）に漂着し、船員の多くが地元人に殺害されるが、清河と仲麻呂はかろうじて助かり、玄宗の命で二年後再び長安に戻る。後、清河は唐朝の秘書監になる。一方、鑑真を乗せた第二船と吉備真備の乗った第三船は日本に帰還するから、その違いは偶然と運命のなせるわざとしか思われない。

天平宝字三年（七五九）、先にふれた羽栗の弟翔も乗った、清河を迎える第十一次の大使高元度が渤海経由で入唐するが、清河は安史の乱のために出国できず、在唐二十余年に及び、宝亀八年（七七七）、翔の兄羽栗翼が乗った第十二次の遣唐使が入唐した翌年に客死する。唐からは潞州《ろしゅう》大都督の官が贈られる。唐の女性との間にもうけた娘の喜娘がおり、宝亀九年、遣唐使と共に来日する。当時十四歳、亡き父の代わりともいえる。船が浸水し副使の小野石根や唐の護送使節団の趙宝英《ちょうほうえい》らが遭難するが、喜娘は判官大伴継人《つぐひと》に助けられ、九死に一生を得る。日本では藤原氏の歓待を受ける。羽栗翼と喜娘は同じ境遇で交友があったであろう。翌宝亀十年、護送使節の孫興進《そんこうしん》を送るための第十三次遣唐使船に便乗して唐に帰ったと想定される。以後の消息は知られない。喜娘のまなかいに父の祖国はどのように映ったであろうか。

以上ほんの数人の遣唐使にまつわる歴史をかいま見てみたが、まことに数奇な運命というほかない人生である。とりわけ、井真成や清河のように日本に戻ることなく亡くなった人々や、中国で生まれて、日中を往還した羽栗兄弟や喜娘の生涯が目を引かずにおかない。彼らはどういう想いで、長安を、そして日本を見ていたであろうか。これからも、井真成のように後代に発見される人物も出てくるかもしれない。

ところで、清河は後年、鎌倉時代の類書『二中歴《にちゅうれき》』の職芸、技芸者の名前を列挙した「芸能歴」の「相人」の項に、この「清河」の名が挙げられる。唐人の張満洞—周皐通—清河と相伝し、さらに清河から観睿《かんえい》—睿公—義舜と伝わったという。別に洞昭の名もみえ、これは『今昔物語集』巻一七第一七（登昭）、巻二四第二一（登照）などにも逸話があるが、清河が占相の名人であった伝承は知られない。おそらく吉備真備が陰陽道《おんようどう》の祖とされたのに対比させて名前が挙げられたのではないだろうか。

阿倍仲麻呂

そして、日本に戻れずに亡くなった遣唐使の象徴といえば、阿倍仲麻呂である。仲麻呂は、文武二年（六九八）生まれ、宝亀元年（七七〇）没。筑紫大宰帥《つくしのだざいのそち》阿倍比羅夫《ひらふ》の孫に当たる。唐名は「朝衡《ちょうこう》（晁衡）」。霊亀三年（七一七）、第八次の多治比県守《たじひのあがたもり》押使の遣唐使の留学生として派遣。同じ留学生には吉備真備や玄昉がいた。科挙に合格し、唐の玄宗に仕え、種々の官職を歴任した。唐代を代表する李白《りはく》や王維《おうい》ら多くの著名な詩人と親交していた（『全唐詩』）。

天平五年（七三三）、多治比広成《ひろなり》大使の第九次遣唐使が来唐したが、仲麻呂は帰国せず、翌年帰国の途に就いた遣唐使は、第一船だけ種子島に漂着、残りの三船は遭難した。この時、真備と玄昉は第一船に乗っていて助かっている。副使中臣名代《なかとみのなしろ》が乗船していた第二船は福建方面に漂着し、いったん長安に戻って帰国する。ついで崑崙国《こんろんこく》（チャンパ王国）に漂着して中国に逃げてきた遣唐判官平群広成《へぐりのひろなり》らが長安に戻ってきて、仲麻呂の奔走で渤海経由で日本に帰国することができた、という。

天平勝宝四年（七五二）、藤原清河の第十次遣唐使が来る。在唐三十五年に及んだ仲麻呂は、清河らと翌年秘書監・衛尉卿《えいいけい》に昇進し、帰国を図った。しかし翌天平勝宝六年、仲麻呂と清河の乗った第一船は暴風雨に遭い、先に述べたように、仲麻呂一行は二年後に長安に帰還する。

仲麻呂は帰国を断念して唐で再び官職につき、天平宝字四年（七六〇）には鎮南都護・安南節度使として再度安南に赴き、神護景雲元年（七六七）までハノイの安南都護府に在任。最後は潞州大都督となり、日本に戻ることなく、宝亀元年に七十三歳で亡くなる。死後、彼の家族が貧しく葬儀を十分に行えなかったため、日本から遺族に絹と綿が贈られたという。

　天の原ふりさけみれば春日なる三笠《みかさ》の山にいでし月かも

『古今和歌集』や『百人一首』であまりに有名なこの歌は、日本に戻れずに亡くなった仲麻呂の望郷の想いを託した歌とされる。天平勝宝五年、帰国する仲麻呂を送別する宴席で、王維ら友人の前で歌ったとか、仲麻呂が唐に向かう船上から詠んだとか、実は仲麻呂は日本に戻ってきていて詠んだなど、種々の説がある。

現在、西安の興慶宮《こうけいきゅう》公園に仲麻呂の記念碑があり（江蘇《こうそ》省鎮江《ちんこう》の北固山にも歌碑あり）、この歌を五言絶句の漢詩に翻訳した句碑がある。

首を翹《あ》げて東天を望めば、神《こころ》は馳《は》す奈良の辺
三笠山頂きの上、思うまた皎月《こうげつ》の円《まど》かなるを

西安・興慶宮公園、仲麻呂の記念碑
（写真提供：ユニフォトプレス）

『全唐詩』巻七三二には、仲麻呂が朝衡の名で帰国時の送別の宴で作った五言排律「銜命還国作」を収録している。この詩は、王維が仲麻呂に贈った左の送別の詩「送秘書晁監還日本国」（同巻一二七）への返礼に作ったとされる。

積水極むべからず、安《いずく》んぞ滄《そう》海《かい》の東を知らん
九州何《いず》れの処《ところ》か遠き、万里空に乗ずるが若《ごと》し
国に向かって唯《た》だ日を看《み》、帰

帆但《た》だ風に信《まか》す
鼇身《ごうしん》天に映じて黒く、魚眼波を射て紅《くれない》なり
郷樹扶桑の外、主人孤島の中
別離方《まさ》に異域なりて、音信若為《いかん》か通ぜん

当時の旅の苦難が思いやられる詩である。

また、仲麻呂が遭難死したと伝えられた時に李白が作った追悼の七言絶句が「哭晁卿衡」（同巻一八四）である。

日本の晁卿、帝都を辞し
征帆《せいはん》一片、蓬壺《ほうこ》を遶《めぐ》る
明月は帰らず、碧海《へきかい》に沈み
白雲愁色、蒼梧《そうご》に満つ

仲麻呂を「明月」にたとえた絶唱に近く、その親交の深さが彷彿《ほうふつ》とする。

『続日本紀』宝亀六年十月二日条に「わが朝の学生にはたして名を唐国にあげる者は、ただ大臣および朝衡の二人のみ」、つまり遣唐使として名をあげたのは、真備と仲麻呂二人だけだと賞されている。遣唐使の伝説化は、おのずとこの二人が焦点になるだろう。

II　吉備真備——人物と文物

真備の生涯

そこで、本書の中心人物である吉備真備についてその生涯をたどっておこう。

倉敷市真備町、吉備大臣像
(© HIKARU MIKI/SEBUN PHOTO/amanaimages)

吉備真備（六九五〜七七五）はもと下道《しもつみち》氏で、後に吉備を名乗った。奈良時代を代表する学者、官僚で右大臣に至り、二度も遣唐使となった。

霊亀三年（七一七）、第八次遣唐使で、遣唐留学生として派遣された。阿倍仲麻呂や玄昉、井真成らと一緒だった。戻ったのは、十七年後の天平六年（七三四）、経書、史書、天文、音楽、兵学等を習得し、書籍の『唐礼』『大衍暦経《たいえんれきけい》』『東観漢記』『楽書要録』をはじめ、楽器や弓矢等、多くの文物を将来した。

天平十年、橘　諸兄《たちばなのもろえ》が右大臣になって登用され、二年後の藤原広嗣《ひろつぐ》の乱後も昇格。天平十八年、下道から吉備に改姓。その年に玄昉が没。天平勝宝二年（七五〇）、藤原仲麻呂の専横により、九州へ左遷され、ついで天平勝宝四年、遣唐副使として再度入唐し、阿倍仲麻呂と再会。翌年に第三船で屋久島ついで紀州牟漏崎《むろのさき》を経て帰国する。鑑真らの第二船は種子島から坊津《ぼうのつ》へ着く。天平勝宝六年、大宰府《だざいふ》の次官になり、天平宝字八年（七六四）、七十歳で造東大寺長官。藤原仲麻呂の乱で追討軍を指揮。これを撃破する。

天平神護二年（七六六）、称徳《しょうとく》天皇（孝謙《こうけん》の重祚《ちょうそ》）と法王道鏡の庇護《ひご》を受け中納言になり、さらに右大臣に昇進。神護景雲四年（宝亀元・七七〇）、称徳が没すると、左大臣藤原永手《ながて》と図り、白壁王《しらかべおう》を皇太子に立て、王は後の光仁《こうにん》天皇となる。宝亀六年（七七五）、八十一歳で没した。著書に『私教類聚《しきょうるいじゅう》』（偽書か）、『道璿和上伝纂《どうせんわじょうでんさん》』などがある。

以上がその略歴であるが、さながら奈良時代後期の歴史の表舞台そのものをたどりうるような生涯であった。

真備の持ち帰ったもの

真備が長安で何をしていたのか、その具体を知りうる徴証はないが、持ち帰ったものから、ある程度の想像はつくかもしれない。『続日本紀』天平七年（七三五）四月二十六日条に、その献上したリストが載っている。

唐礼一百三十巻（永徽《えいき》礼《れい》か）
大衍暦経一巻（僧一行《いちぎょう》大衍暦）
大衍暦立成十二巻
測影鉄尺一枚
銅律管一部
鉄如方響《ほうきょう》
写律管声十二条
楽書要録十巻（武后楽書要録）
絃纏漆角弓一張
馬上飲水漆角弓一張
露面漆四節角弓一張

射甲箭二十隻
平射箭《いたつき》十隻

これによれば、儀礼書や暦典と音楽書、弓矢武具等々で、いずれも国家の成立基盤となる実用的なものばかりである。仲麻呂とは対照的に真備が残した詩歌はほとんど知られない。実学中心で文芸にはあまり縁がなかったといえよう。ただ、『続日本紀』天平十年七月七日条に、聖武天皇が真備らに殿前の梅樹を指して、「春の意を賦して梅樹を詠め」と命じ、文人三十人が詩を詠んだという。筆頭に名の挙がる真備も詠んだことは間違いないだろう。

これ以外に真備将来の書籍に『東観漢記』がある。平安時代に日本に伝来した書籍の目録として有名な九世紀末の藤原佐世《すけよ》編『日本国見在書目録《げんざいしよ》』にその書名がみえ、「吉備大臣所将来也」以下の注記がある。真備が唐で探すも完本を得られず、わずかに写し得たのみであった、という。唐代初期には、三史＝『史記』『漢書』『東観漢記』とされていたのが、時代が移って、『史記』『漢書』『後漢書』に変わっていったため、『東観漢記』は重視されなくなり、その結果、写本が稀少《きしょう》だったとされる。前述の事典『二中暦』にみる注記「吉備大臣、三史の櫃にこの三史入る」はこれをふまえる。

ことに重視されるのは、儀礼書と暦典で、『唐礼』一百三十巻は、時の『永徽礼』とされ、

『東観漢記』に関する注記（『日本国見在書目録』宮内庁書陵部所蔵）

『大衍暦経』一巻、『大衍暦立成』十二巻、前者は長安大興善寺の密教僧で名高い一行の編になり、『大衍暦経』『大衍暦議』『大衍暦立成』の三点セットとされる。真備の将来本に『大衍暦議』もあったかどうかは不明である。唐では、開元十七年（七二九）から使用されたが、日本では真備の将来によって、その三十四年後の天平宝字七年（七六三）、持統四年（六九〇）以来の「儀鳳暦《ぎほうれき》」が「大衍暦」に改められた。まさに時を支配する王権の基盤を真備は担ったのである。

　また、楽書は儒教的儀礼と結びつき、王権維持に不可欠のものであるし、武具については言うまでもあるまい。真備は後年、仲麻呂の乱で追討軍を指揮したほどで、用兵作戦に通じていたのも、唐での学識が存分に発揮されたといえる。『続日本紀』天平宝字四年十一月十日条に、武官六人を大宰府に派遣して真備に諸葛亮の八陣、孫子の九地などを習わせ、翌年十一月十七日条では、五行の陣を習わせた、という。後世、兵法や軍学の祖の一人に名が挙がるのもこれらの記憶が永く継承されたからであろう。東大寺創建の造東大寺長官にもなるから、建築設計などにも通じていたと思われる。

時代は平安末の院政期に下るが、大江匡房の儀礼書『江次第鈔《ごうしだいしょう》』巻五「二月・釈奠《せきてん》」に、先聖、先師九哲像は巨勢金岡《こせのかなおか》が写し、先聖、七十二弟子像は唐本だとあり、「或説」によれば、真備が唐の弘文館の画像を持ち帰り、大宰府学業院に安置し、百済の画師に命じて、彼の本を写させて大学寮に置いた、という。真偽は定かではないが、この種の例は種々あったであろう。

なお、真備と行きも帰りも一緒だった玄昉は、五千余巻の経典を請来したとされるが、真備の娘由利も経典を奉納していることが知られている。天平神護二年（七六六）の『吉備由利願経』といわれるもので、『成唯識宝生論』巻二の奥書に、

天平神護二年十月八日、正四位下吉備朝臣由利、天朝の奉為《おおんため》に、一切経律論疏集伝等一部を写し奉る。

とあり、『西大寺資財流記帳』に、

一部、吉備命婦由利、四王堂に在りて進納す。惣《す》べて大小乗経律論疏章集伝、出経録外経等、一千二十三部五千二百八十二巻。

という。娘の由利は唐で中国人との間にできた子だとの説もあるが、詳細は不明である。

真備の著作と偽書

現存する真備の著述は多くはない。『道璿和上伝纂』（『寧楽遺文《ならいぶん》』所収）、『乞骸骨表』、『私教類聚』（逸文）などをみるにすぎない。最初の『道璿和上伝纂』は渡来僧道璿の伝記である。道璿は散逸した思託《したく》の『延暦僧録』に伝があり、則天武后《そくてんぶこう》の長安二年＝大宝二年（七〇二）生、天平宝字四年（七六〇）没。元興寺僧隆師の発案と舎人《とねり》親王の奏請によって伝戒師僧招請のため、遣唐使（大使多治比広成）一員の学問僧栄叡《ようえい》、普照《ふしょう》の要請を承《う》けて、天平八年（七三六）八月、婆羅門《ばらもん》僧正菩提僊那《ぼだいせんな》、林邑《りんゆう》僧仏哲《ぶってつ》とともに来朝。天平勝宝三年（七五一）、律師に任。東大寺大仏開眼会の呪願師を務めた。真備や淡海三船《おうみのみふね》らが師事したとされる。

『乞骸骨表』は、『続日本紀』宝亀元年（七七〇）十月八日条にみえるが、官職を辞す意向を述べた辞表である。

京に戻り、病になって家に帰って休んでいたが、急に兵乱があって召し出され、「軍務を参謀」した。乱が片付いてから、論功により、昇進して、職を辞すことができないまま、すでに数年が過ぎてしまった。

とあり、藤原仲麻呂の乱での活躍により、大納言や右大臣に昇進し続けたことがふまえられている。

最後の『私教類聚』は散逸書であるが、平安期の『政事要略《せいじようりやく》』、『拾介抄《しゅうがいしょう》』などに逸文がみえる。前者に「吉備大臣私教類聚」とあり、後者に「吉備大臣私教類聚目録」と引用されるが、他に真備撰《せん》の確証はない。参考までに真備とかかわる占いや書、算術の例から二、三引いておこう。

詐《いつわりのこうなぎ》巫を用いるなかれとの事

真の巫覡《こうなぎ》は、官《おおやけ》の知るところにして、神験分明にして、敢《あ》えて謂《い》うところにあらず。(略)

およそ偽《いつわり》の巫覡、私の家に入ることなかれ。巫覡の来るごと、詐の行い、絶えず。

筮占《ぜいせん》を知るべき事

故に顔氏家訓に曰《いわ》く、世に伝えて云《い》う、陰陽を解《し》る者は、鬼の嫉《ねた》むところとなり。(略)

卜筮《ぼくぜい》は聖人の業《わざ》なり。但し、近世、復《ま》た佳師《よきし》なく、多く中《あた》る能《あた》わず。古《いにしえ》は卜を以《もっ》て疑いを決し、今人は疑いを卜に生ず。
書と算を知るべき事
算術またこれ六芸《りくげい》の要事、古より儒士、天道を論じて律暦《こよみ》を定むる者、皆学んでこれに通ず。

等々、『顔氏家訓』『論語』などの引用が多く、ほかにも「医方を知るべき事」、「学文に勤《いそし》むべき事」、「弓射を知るべき事」などの項目も注目される。大半は儒教倫理や仏教の教理に即した処世や道徳的な教訓に終始しており、あるべき家訓の典型的なものといえる。この『私教類聚』は家訓書としても古いもので、偽書の可能性もあるが、真備の履歴と照らし合わせると、これに適合すると思われる項目が少なくない。仮に偽書であっても、作者が真備に擬せられる要因として、陰陽、兵法をはじめ実学中心の真備〈像〉に焦点化されやすかったためとみなせるだろう。真備像に見合うように、あるいは真備に仮託して、これらの家訓が集約されていったのであろう。逸文は日本思想大系『古代政治社会思想』や『日本古典偽書叢刊』にまとめられている。

また、三善清行《みよしきよゆき》『意見十二箇条』は、延喜十四年（九一四）の作で、
伏して古記を見るに、朝家の大学を立つる、始め大宝年中に起り、天平の代に至るまでに、

右大臣吉備朝臣、道芸を恢弘《かいこう》し、親自《みずか》ら伝え授く。即《すなわ》ち学生四百人をして、五経、三史、明法、算術、音韻、籀篆《ちゆうてん》等の六道を習わしむ。

とあり、真備が学生たちに、五経、三史をはじめとする六道を学ばせたという。いわば大学寮の基礎を築いたわけで、明経、文章、明法、算、音韻、書道にそれぞれ対応していることが知られる。後世の規範となる諸学芸のもとを担ったのは真備だったという認識がすでに十世紀には確立していたことがうかがえる。実際にそうだったかもしれないが、一種の始祖伝承に成長していたことを示すだろう。

Ⅲ　伝説化される真備

増殖する文物

真備の生涯は八十一歳で当時としては長命であり、時の右大臣まで昇進し、二度の遣唐使も務めたから、永く記憶される人物となり、伝説化が進む。その様相を少したどっておこう。まず、院政期の歴史書『扶桑略記《ふそうりやくき》』天平七年（七三五）四月二十六日条の記事をみると、基本は先の『続日本紀』に拠っているものの、あらたな記述が加わっている。

（略）幷《なら》びに種々の書跡、要物等、具載することあたわず。留学の間、十九年を歴《へ》、凡《およ》そ伝うるところの学、三史五経、名刑算術、陰陽暦道、天文漏剋《ろうこく》、漢音書道、秘術雑占、一十三道、それ業を受くるところは、衆芸を渉し窮む。これにより太唐、惜しみて留め、帰朝を許さず。

或《あ》る記に云う、爰《ここ》に吉備、窃《ひそ》かに日月を封じ、十箇日の間、天下を闇《くら》く怪動せしむ。占わしめし処、日本国の留学人、帰朝することあたわず、秘術を以て日月を封ず。勅令にて免《めん》宥《ゆう》し、遂に本朝に帰る。已上

将来した文物や諸芸にわたる記述が大幅に増えていることが分かる。時代が下るにつれ、幻想化が進むわけで、比叡山《ひえいざん》の天台僧で唐に渡った円仁や円珍《えんちん》の将来した目録が時代の下るほどリストが増えるのと類似している。ことに「名刑算術、陰陽暦道、天文漏剋、漢音書道、秘術雑占」のあたりが注目され、その後の真備伝説の肥大化につらなってくる。「陰陽道」の祖とされる説が特に有名であるが、あるいはすでにそれらの説話をふまえた記述の可能性もあろう。

さらには、その才能を惜しんで唐の朝廷が帰国を許さなかったというのも、実際、阿倍仲麻呂や藤原清河などはそうだったから、真備もそれらになぞらえて解釈されたかもしれない。

より目を引くのは、末尾の「或る記」である。帰国が許されなかったので、真備は密《ひそ》かに日月の動きを封じ、十日間、天下を暗闇にしたので、占わせたところ、真備の所為だと分かり、ついに許された、という。これは、後述の『江談抄』（後半欠脱した『吉備大臣入唐絵巻』も）の最後の話題にそっくり共通する。これは、おそらく『江談抄』の話題がそれだけひろまっていたか、あるいは、『江談抄』に共通する説話がすでにいろいろ語られていた面も考えられるだろう。

陰陽道の術

平安時代に真備伝説がかなり進んでいたことをうかがわせるのが、十二世紀前半の『今昔物語集』である。巻一一第六「玄昉僧正亘唐伝法相語」は、真備と同じ遣唐使だった玄昉を八つ裂きにした藤原広嗣の悪霊を、真備が調伏する話題で、「鏡明神縁起」にもなっている。ここで真備は、

吉備陰陽ノ道ニ極《キハメ》タリケル人ニテ、陰陽ノ術ヲ以テ我ガ身ヲ怖レ無ク固メテ、懇《ネムゴロ》ニ掟《ヲコツリ》誘《コシラヘ》ケレバ、其霊止《ソノリヤウトド》マリニケリ。

とあり、さらに巻一四第四「女依法花力転蛇身生天語」では、女の悪霊を『法華経』の威力で真備が鎮めるが、

其ノ時ニ、吉備ノ大臣ト云フ人有ケリ。（略）其ノ人陰陽ノ方ニ達《イタ》レルニ依《ヨリ》テ、此《カ》ク不怖《オソレ》ヌ也《ナリ》ケリ。

とすでに陰陽道の始祖と見なされていた。『今昔物語集』には典拠となる説話があり、これらの話譚《わたん》は何らかの説話集に収められていたはずで、真備をめぐる説話の形成がより遡ることは疑いのないところである。

十一世紀の諸芸の様相を描き出した『新猿楽記』「十の君の夫」にも、

吉備大臣、七佐法《さかきはらえ》王の道を習い伝えたるものなり。しかのみならず、注暦、天文の図、宿耀《すくよう》、地判経、またもって了々分明なり。所以《そのゆえ》は、形は人体を稟《う》けたりといえども、心は鬼神に通達せり。身は世間に住すといえども、神《たましい》は天地に経緯たり。

と、真備が「七佐法王の道」を伝えたとし、暦、天文、宿曜《すくよう》、地判経など、諸学芸の祖とされ、十二世紀の歌学書『袋草紙』上巻一二八「誦文《じゆもん》の歌」にも、「吉備大臣の夢違への誦文の歌」がみられる。

あらちをのかるやのさきにたつしかもちがへをすればちがふとぞきく

おそらく下の句「違へをすれば違ふとぞ聞く」に夢違えの願意が込められ、意味不明だからこそ呪文として機能するのであろう。ついでに「夜行の途中の歌」は、

かたしはやわがせせくりにくめるさけてゑひあしゑひわれゑひにけり

とある。百鬼夜行を避ける呪文であろう。

横取りされた夢

夢に関していえば、十三世紀の『宇治拾遺物語《うじしゆうい》』に、若き真備が吉備在住時代、人の夢を横取りする話がある。第一六五「夢買ふ人の事」。この話は古来有名で、夢をテーマとする論には必ずといってよいほど引かれる。

昔、備中国に郡司がいて、その子に、「ひきのまき人」という者がいた。若い頃に夢を見たので、夢合せのために、夢解きの女のもとに行き、終わってから雑談していると、国守の子の太郎君が四、五人ほど引き連れてやって来る。年は十七、八くらいで、心ばえは知らず、容姿は端正であった。「まき人」は奥の部屋に入って、穴からのぞき見していると、この君が、「これこれの夢を見たが、どうか」と語って聞かせる。夢解き女が聞いて、「大変な御夢です。必ず大臣まで出世されるでしょう。すばらしい夢を御覧になったものです。絶対に人に話してはいけませんよ」と言ったので、この君は喜んで衣を脱いで、夢解き女に渡して帰った。

すると、「まき人」は部屋から出て、夢解き女に、「人の夢を取るということがあるそうだが、この君の夢を私に取らせてほしい。国守は四年過ぎれば、都に帰ってしまうが、私は国の人だから、いつもここにいる上に、郡司の子であるから、私のことを大事に思うでしょうね」と恫《どう》喝《かつ》して言ったので、夢解き女は、「仰せの通りに致しましょう。それでは、さっきの若君がいらしたように部屋に入られて、その時におっしゃった夢を少しも間違えずに語って下さい」と言うと、「まき人」は喜んで、その若君の来た時のように入って来て、夢語りをしたので、夢解き女は前と同じように言った。「まき人」は大変うれしく思って、衣を脱いで渡して去った。

その後、「まき人」は漢籍を習い読むと、どんどん学問に通じて、優れた学才ある人になった。朝廷にも評判が伝わって試されるが、まことに学識が深かったので、「唐に行ってしっかり学んで来るように」と派遣される。長い間、唐にいて、さまざまの事を習い伝えて帰ってきたので、天皇も優れた者と思って、次第に昇進させて、大臣にまでさせた。

そうであるから、夢を取ることは、本当に賢いことである。その夢を取られた備中守の子は、官職もない者で終わってしまった。夢を取られなかったら、大臣までもなったであろうに。やはり、夢は人に聞かせてはいけないことだと、語り伝えているということだ。

将来大臣にまで出世する国守の子の夢を、郡司の子である真備が夢解きを脅して横取りする話で、夢は横取りに値する価値あるものだった。北条政子が妹の夢を横取りして頼朝の妻となって権力を握る『曽我物語《そが》』の逸話も思い合わされる。

夢を横取りするためには、人の見た夢をそっくり同じように語るという儀礼的な所作が必要とされた点も興味深く、夢見の内容以上に語りの力が要請されていたといえる。

この人物こそ「ひきのまき人」であった。「吉備真備」であることは疑いを入れないであろう。吉備の出自であること、遣唐使として派遣されること、大臣にまで昇進することなど、真備を前提にしなければ成り立ち得ない。「ひき」は「きび」（吉備）の反転で、「まき人」も「まきび」（真備）の転訛《てんか》にほかならない。吉備時代の若き真備の逸話で、他に類話は知られない。背後に中央から四年間派遣される国守と在地豪族の郡司との地元での力関係が作用していた。真備が在地の郡司の権威を笠《かさ》に夢解きを脅す点も見のがせないところであろう。

吉備真備の神話化をきわめた説話の頂点といってよい話題で、遣唐使の記憶が長く生きていたことをよく示していよう。また、在地に関していえば、十四世紀中頃の播磨《はりま》の地誌的な『峯《みね》相記《あいき》』にも、帰国した真備が広峯山に泊まったところ、夢ともうつつともなく貴人が現れ、「家を追われ蘇民《そみん》に助けられて浪人となり、居所を定めないまま、中国で汝《なんじ》と約束を交わしたので後を追ってきたのだ」と言い、真備によって当山に祀《まつ》られる、それが牛頭《ごず》天王だ、という真備による牛頭天王将来の話題がみえる。

真備の名は陰陽道とともに、兵法や軍学の祖としても後世継承され、語り物の舞の本『未来記』にも、唐の商山の「そうけい」が伝えた秘書を、「吉備大臣入唐し、八十四巻が中よりも、四十二帖に抜きかへて、我朝へ伝へしを」とある。片仮名の始まりも真備だとの説もあり、平仮名の弘法大師空海の説と対照される。あるいは、囲碁の場合も真備が始祖とされる説も出てくる。さまざまな分野で真備が生き続けていたことが確認できるのである。

近世、江戸時代に至ると、阿倍仲麻呂ともあわせ、伝説はさらに増幅されていくが、これに関しては後の第四章でふれたいと思う。

第二章　『江談抄』を読み解く——絵巻への道

I　大江匡房の談話から

『江談抄』の説話

吉備真備をめぐる物語の焦点はおのずと『吉備大臣入唐絵巻』にもとめられるが、まずは絵巻に至る道程について検討していこう。

絵巻にまでなるこの物語は、吉備真備が遣唐使として中国に派遣され、鬼の仲麻呂の援助を受けて次々と難題を解決して日本に戻ってくるという活躍を描いた話で、まとまった形では、大江匡房の談話を筆録した『江談抄』にみえる。大江匡房（一〇四一〜一一一一）は平安末期の院政期を代表する学者、権中納言。大江家は代々学者を輩出した家柄で、菅原《すがわら》家と並び称された。匡房は後三条院、白河院、堀河天皇三代に仕え、大宰府にも赴任、多くの著述を残した。『江談抄』は晩年に弟子たちにさまざまな知識を伝授したもので、平安時代の貴族社会における説話や故実を知る上で貴重な作品となっている。伝本は言談の場をふまえた古本系と後に内容を分類再編した類聚本系の二系統に分けられる。古態を残す古本系には真備の話は見られず、後者の類聚本系統の巻三第一に「吉備入唐の間の事」の段があり、長い物語が語られている。以下、話の概要を箇条書きにして示そう。

① 吉備大臣が入唐して諸学を習い、諸道、学芸に博《ひろ》く通じ、きわめて聡明であったので、中国の人はたいそう脅威に感じて、密かに計略をめぐらす。

② ついに楼閣に真備を幽閉する。

③ そこへ鬼物《おに》が現れるが、真備は隠身の術で姿を隠し、鬼と問答する。

④ 鬼も「もとは遣唐使で、この楼閣にいた」と名乗り、真備は「自分は日本国の正使として来ているから、それなら鬼の形相をあらためて来い」といい、鬼は衣冠に身を変えて再び来る。

⑤ 鬼は自ら阿倍仲麻呂であることを明かし、大臣として来たのにこの楼に幽閉されて餓死して鬼となった経緯を語り、日本の子孫の安否を気遣う。

⑥ 真備が子孫の様子を告げると、鬼は喜び、肝胆相照らして夜通し語らう。

⑦ 翌日、使いが食事を届けるが、鬼に害せられていないので驚く。夕刻にまた鬼が現れ、「この国ではまず書を読ませて読めないのを嘲弄しようとする」と告げる。その書とは、

『文選』という「読み難き古書」で、「一部三十巻、諸家の集の神妙のものを撰《えら》び集むる」といい、儒者三十人に『文選』を講義している所へ鬼が案内する。鬼が楼からどうやって出られるかと尋ねると、真備は「飛行自在の術」を心得ているから、と戸の隙間から抜け出し、二人は空を飛んで宮中に侵入する。

⑧ 二人は講義の場で密かに『文選』を聞いて覚え、真備は鬼に「旧《ふる》き暦十余巻」を調達してもらい、それに「文選上帙《じょうちつ》の一巻」の端々を三、四枚ずつ書いて、一、二日でことごとく暗誦《あんしょう》する。

⑨ 勅使の儒者が楼を訪れると、『文選』を書き付けた切れ端があちこちに散乱しており、これが日本にも以前からあって皆よくそらんじていることを真備から聞いて驚嘆、真備は中国のものと比べようと提案し、まんまと儒者から三十巻を譲り受ける。

⑩ 鬼が、次の難題は「才はあっても芸はないだろうと、囲碁での勝負だ」と聞きつけて知らせ、真備は楼の組み入れ天井を碁盤に見立て、三百六十目を数え、特に九つの黒点の聖目も指して、一晩の内に引き分けの「持」になる手を考える。

⑪ 翌日、真備は名人と相対して「持」に持ち込み、密かに敵の黒石一つを呑み込み、勝つ。日本が白、中国が上席の黒だった。

⑫ 中国側も不審に思って石が足りないことに気づき、卜筮で占わせると、真備が呑んだことが分かり、下剤に訶梨勒丸《かりろくがん》を飲ませるが、真備は下痢を止める術を使って防ぎ、勝利する。

⑬ 怒った中国側は真備に食事を与えなかったが、鬼が夜中に密かに食事を運んで、数ヶ月がたつ。

⑭ 第三の難題では、「高名智徳の密法を行ずる僧の宝志《ほうし》（宝誌）」に、鬼や霊が入り込まないように結界を作って、文章を書かせ、それを読ませることになり、「もはや自分も力及ばない」と鬼が真備に告げる。

⑮ ここで真備は楼から下ろされ、帝王の前でその文章を読まされる。窮地に陥った真備は日本の方を向いて、仏神すなわち住吉大明神と長谷観音に祈ると、蜘蛛《くも》が文の上に落ちてきて糸を引いて歩くのをたどると、見事解読できた。帝王や「作者」（宝誌）も驚愕《きょうがく》し、また楼に閉じ込めて餓死させようとする。

⑯ 真備は鬼から百年を経た古い双六《すごろく》の筒《どう》や賽盤《さいばん》を調達してもらい、賽を双六盤の上に置いて、筒で覆ったところ、日月が封じられて暗闇になって大騒ぎになる。

⑰ 占わせたところ、「術道の者」の仕業で楼閣の方角にいるとされ、真備に尋問、真備は

「冤罪《えんざい》のため、日本の神仏に祈った感応であり、日本に帰れれば回復するだろう」と答え、「帰してやるから封を早く解け」と言われ、はたして筒をはずすと、日月が現れ、真備はようやく帰国できた。

⑱　江帥《ごうのそつ》（匡房）が言うに、「この話は、詳しくしっかりと何かの書物で見たわけではないが、故孝親朝臣が先祖から語り伝えたものであると聞いたことがある。そのいわれがないわけではない。おおよそは、ほぼ書物にもみえるものであろう」と。

⑲　それで日本の高名はまさに真備にあり、文選・囲碁・野馬台詩が日本に伝わったのは真備の人徳によるのだ、という。

最後の⑱、⑲で匡房がこの話を総括しているが、「故孝親」とは、母方の祖父　橘《たちばなの》孝親《たかちか》を指すから、祖父が孫に語り聞かせる話題に相当する。その一方で、たしかな「書」（書物）で見たわけではないが、何かにあるだろうと示唆している。口頭伝承と文献との対比がみられる。先祖伝来の口頭伝承とともに、やはり文献こそ確かな拠《よ》りどころであることを意識していたのであろう。

そこで思い起こされるのは、先に第一章で引いた『扶桑略記』である。真備の伝の末尾に引用される「或る記」である。

或る記に云う、爰に吉備、窃かに日月を封じ、十箇日の間、天下を闇く怪動せしむ。占わしめし処、日本国の留学人、帰朝することあたわず、秘術を以て日月を封ず。勅令にて免宥し、遂に本朝に帰る。

なかなか帰国を許されないため、真備が密かに日月を封じ、十日間も天下を暗闇にしてしまったため、中国側が占わせたところ、日本の留学人が帰れないので、秘術を使ったことが分かり、ついに帝王も許して帰国できた、というもので、今みた『江談抄』の結末に合致する。

これが『江談抄』そのものを指すかどうか、「或る記」としかないので、たしかなことは分からない。大江匡房は天永二年（一一一一）に亡くなっており、『扶桑略記』の方が推定年代は古いので、『江談抄』に依拠した可能性は低いが、『扶桑略記』の写本に後から「或る記」が書き込まれ、本文化する場合も考えられるから、いちがいに作品の成立年代だけで云々できない。匡房が「文献にもあるのでは」と示唆的に述べていることは、ある程度、確証があって言っている可能性もあり、真相は謎である。

しかもこの吉備真備の話題が、匡房の亡くなる数ヶ月前に語られていたらしい徴証が出てきた。また、談話の最後は、「真備の高名は文選、囲碁、野馬台の伝来にあり」と難題として出された三つのものの伝来に収束するが、あらためてこの段を読み直すと、「野馬台」すなわち『野馬台詩』の名は最後にならないと出てこない。その意味するものも、また『江談抄』の別の段からみえてくるのである。

Ⅱ 談話の場の復元

『江談抄』の別の話題から

その別の段とは、類聚本『江談抄』の巻五第七一「源中将師時亭の文会の篤昌《あつまさ》の事」の段である。以下、問答体になっているので、それに応じて分かりやすく読みくだいてみよう。

問いかけるのは匡房で、答えているのは聞き手兼筆録者すなわち藤原実兼《さねかね》（後述）である。まず、匡房が「最近の「文場」（詩会）の話題がないか」と切り出す。実兼は即座に「たいしたものはありませんが、先日、源《みなもとのもろとき》師時邸で詩会がありました」と答える。匡房は「それなら昨日、進士篤昌がやって来て、話は聞いたぞ。お前の詩は彼には評判が悪かったようだな」。実兼は「仰せの通りですが、しかし、篤昌の詩もまた珍しいものでした」。匡房が言うに、「確かに評価に値しないだろう。とりわけ「英雄」という言葉を使っていたようだが、その場の様子はどうだったか」。実兼は待ってましたとばかり、「傍若無人この上なく、奇っ怪第一のことです。奴袴《ぬばかま》（指貫《さしぬき》）は止《や》めさせるべきです」と非難する。

すると、匡房は「しかし、「英雄」の言葉を取り上げるのは、理にかなっているのだ。（中国の）宝誌が書いた『野馬台』の讖文《しんぶん》（予言書）に、「天命三公に在り。百王流れ畢《ことごと》く竭《つ》きぬ。猿犬英雄と称す」とある。王法が衰微して、憲法が守られなくなる徴《しる》しを表わしているのだ」と反論する。実兼が尋ねて、「その讖の由来は何でしょうか」。匡房が、「まだ知らなかったのか」と聞くや、実兼が「知りませんでした」と答え、匡房は、「その讖は、我が国の衰相を予言して言ったもので、日本に伝えて「讖書」と名づけているのだ。それがもとで日本国を野馬台と言うのだ。また、それが日本に伝わった由緒の話があるのだよ」と説明する。

以上がこの段の始終である。

『野馬台詩』の登場

ここでの焦点は、源師時邸での詩会で、篤昌の詠んだ詩に「英雄」の語が使われていたことにあり、実兼は口をきわめて非難している。それは典拠のない言葉だという意識からで、もともと二人は仲が悪かったようで、お互いの詩をけなしており、実兼は篤昌の指貫の服装にまで難癖を付けている。しかも篤昌もまた、前日に匡房の所に来て詩会の話をしていたから、彼も匡房を師と仰いでいたのであろう。

篤昌は『宇治拾遺物語』第六二や『十訓抄《じっきんしょう》』第四の三などによれば、赤鼻が笑いの対象になっており、話題になりやすい人物だったようで、実兼が非難する要因もそのあたりにありそうである。前者を例にすれば、民部大輔篤昌は法性寺忠通《ただみち》の時代、蔵人所《くろうどどころ》の所司「よしすけ」に労役で無理矢理呼び出されて抗議し、自分のありようを聞きたいと詰問すると、よしすけは、「鼻が赤いことだけ知っています」と切り返し、篤昌は「おう」と言って逃げ出す笑い話がある。後者の『十訓抄』も、藤原佐実が「敦正山の春の霞《かすみ》、紅なり」と篤昌（敦正）の赤鼻を揶《や》揄《ゆ》し、怒った篤昌が「佐実園の冬の雪、白し」と応じた、とある。

問題は、次に匡房が「英雄」の語には、典拠があるのだと指し示したことで、宝誌が書いたとされる「野馬台の讖」が取り上げられる。これが後の『野馬台詩』と呼ばれる予言書（未来記）である。しかも匡房は、「天命三公に在り。百王流れ畢く竭きぬ。猿犬英雄と称す」という当該の詩句も引用している。これらの句は『野馬台詩』の全体五言二十四句の中の後半、第十八から二十句に相当する最も焦点となる山場の一節である。

とりわけ、百王の流れが尽きてしまうとの文言は、匡房の時代にはすでにひろまっていた、天皇百代で日本は終わりだとみる百王思想の典拠となっていたのである。しかも、この「野馬台の讖」には伝来のいわれがあったことを匡房は実兼に問いただしている。しかし、実兼はそれを知らなかった。そこから匡房がそのいわれを語り出すのは明らかで、それこそが先の真備の物語「吉備入唐の間の事」の話題にほかならない。実兼が知らなかったことをきっかけに、匡房の長い由来の物語が語り出される。もし実兼が知っていたら、匡房が語り出すことはなかったかもしれない。きわどいところで語りの如何《いかん》が左右され、説話にとってはあやうい知の伝授の場であったといえる。

「英雄」をめぐる

はたして、赤鼻の篤昌は、この『野馬台詩』の「猿犬称英雄」の詩句を知っていて、自分の詩に詠みこんだのであろうか。匡房だけが知っていて、「英雄」の語彙を契機に『野馬台詩』の話題を吹き込んだようにも思われるが、『野馬台詩』がどの程度、当時、ひろまっていたかにかかわってくるだろう。ちなみに、「英雄」の語は、当の匡房自ら大宰府時代に、「聖徳、あにまさに図らんや、英雄、誰か迂《う》を得んや」(『本朝続文粋《ほんちょうぞくもんずい》』巻一「西府作」)と詠み、『江談抄』

巻三第二一に「英雄の人をもって右流左死と称ふ事《い》」の段がある。右大臣菅原道真《みちざね》の配流、左大臣藤原時平の早世を指し、人望ある者「英雄」を「右流左死《うるさし》」と称するのだという。

「野馬台の讖文」とは何か

こうして、匡房は長い真備の物語を語るわけで、先の話で、「野馬台」の名前が最後に出てくるゆえんもそこで初めて了解される。もともとのきっかけが「野馬台の讖文」伝来のいわれを語るところにあったことを逆に証明しているわけだ。

参考までに、以下に『野馬台詩』の詩句を挙げておこう。

野馬台詩

東海姫氏国　百世代天工　　東海姫氏《きし》の国　百世、天工に代わる
右司為扶翼　衡主建元功　　右司、扶翼となり　衡主、元功を建つ
初興治法事　後成祭祖宗　　初興、法事を治め　後に成り祖宗を祭る
本枝周天壌　君臣定始終　　本枝、天壌に周《あまね》く　君臣、始終を定む
谷塡田孫走　魚膾生羽翔　　谷塡《こくてん》し、田孫走り　魚膾《ぎよかい》生じ、羽翔《かけ》る
葛後干戈動　中微子孫昌　　葛《かずら》の後、干戈《かんか》動き　中微の子孫昌《さか》んとなる

白龍游失水　窘急寄胡城
黄鶏代人食　黒鼠喰牛腸
丹水流尽後　天命在三公
百王流畢竭　猿犬称英雄
星流鳥野外　鐘鼓喧国中
青丘与赤土　茫々遂為空

白龍游《あそ》び、水失い　窘急《きんきゅう》に胡城に寄る
黄鶏、人に代わって食い　黒鼠、牛腸を喰《く》らう
丹水流れ尽きて後　天命、三公に在り
百王、流れ畢《ことごと》く竭《つ》き　猿と犬、英雄と称す
星流れ、野外に鳥《と》び　鐘鼓、国中に喧《かまび》すし
青丘と赤土と　茫々《ぼうぼう》として遂《つい》に空となる

談話の時と場

さらには、この真備の物語がいつ語られたか、師時当人の日記から裏づけることができる。師時自ら主催した詩会を記録していたのである。師時の父源俊房《としふさ》は元左大臣。匡房とは昵懇《じっこん》の関係で、師時もまた匡房に師事していた。匡房の病気見舞いに父の代行で訪れたりしている。詩会や歌会をしばしば開いていたようで、当代の代表歌人の源俊頼《としより》の歌集にも師時の八条亭の歌会がみえる。彼の日記は『長秋記《ちょうしゅうき》』という。院政初期を知る一級の史料でもある。その天永二年（一一一一）六月二十日条にみえる。

当日の八条亭における詩会は、文台二つ、硯函《すずりばこ》、円座二枚、燭台《しょくだい》二本などを用意し、盃《さかずき》を

十二回まわし、四季や雑など五種の題により、着座して籤《くじ》で題を選び、五首を詠みあう。左の講師《こうじ》が問題の篤昌、右は藤原周光《ちかみつ》、当の蔵人実兼は書記役であった。披講が終わって、実兼の記録を点検したという。

師時邸で篤昌、実兼の二人がそろう詩会は他にもあっただろうが、記録による限りはこの時のこととみて間違いないであろう。そうなると、匡房はその年の十一月に亡くなっているから、最晩年の話題ということになる。さらに、歴史物語の『今鏡』でいわれる、『江談抄』の筆録者が藤原実兼であることも、より補強することができる。『江談抄』の談話時期が規定できる点でも、この真備の話題は貴重な例であったことが知られるのである。

『江談抄』の古本系と類聚本系

ここで、『江談抄』というテキストにもう一度戻ってみると、真備の長い物語と源師時邸の詩会の話題とは、もともとはひとつなぎだったはずなのに、なぜ別々になっているのであろうか。『江談抄』の現存する写本は、古本系と類聚本系の二種に区分けされている。前者は醍醐《だいご》寺本《じぼん》、前田家本、神田本の三本で、書写年時が古いし、内容も古態をとどめており、問答体が比較的残っているが、いずれも残欠本で部分的にしか残っていない。それに反して、類聚本は匡房の『和漢朗詠集《わかんろうえいしゅう》』の注釈、いわゆる「朗詠江注」をもあわせて、巻五ないし巻六まであり、内容も部類されている。

　類聚本も中世には作られていたと思われるが、その段階で二つの話は分断されたのであろう。談話の後半だったはずの話は巻三の巻頭に、談話の起点だったはずの詩会の話題は詩をめぐる巻五に、それぞれふり分けられたと想定される。類聚本系はしばしば、匡房たちの問答体を削除するケースもみられるが、幸いにして、この師時邸の詩会の話は問答体が残されたので、真備の物語とつながることが判明したわけである。

　この二つに分けられた話題は、残念ながら現存する古本系の写本にはみられないので、最終的に確定はできないが、それとは別に、『江談抄』古本系に真備の物語があったことを裏づけうるのが、大東急記念文庫所蔵の『吉備大臣物語』である。この写本は漢字片仮名交じり文の片仮名小書き体

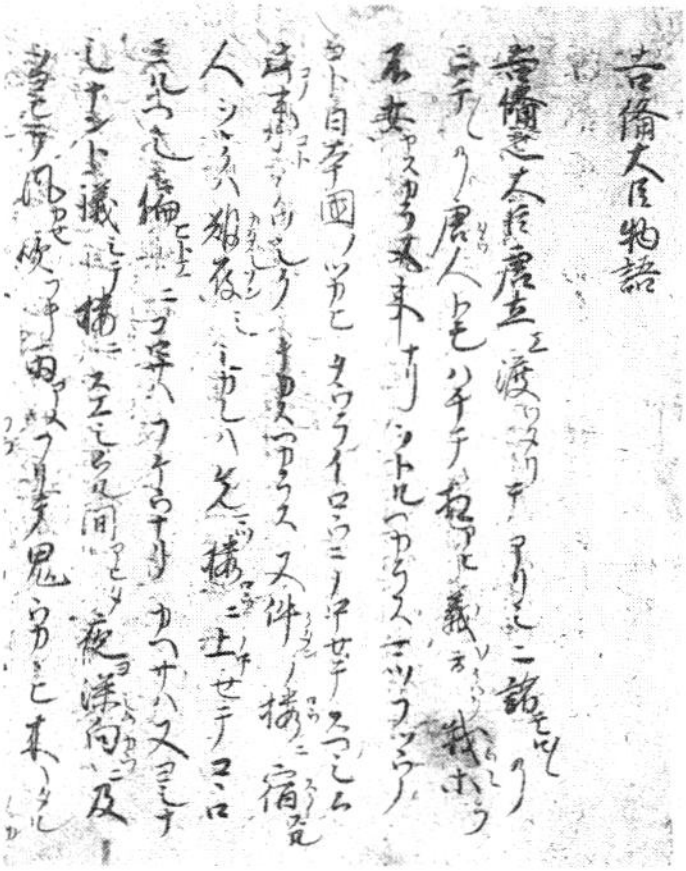
吉備大臣物語

『吉備大臣物語』（大東急記念文庫所蔵　『大東急記念文庫善本叢刊 中古中世篇 第１巻』汲古書院刊より）

であり、鎌倉初期の書写とされ、唯一存在する天下の孤本である（近年、その転写本の存在が明らかになったが）。この本と『江談抄』との関係が従来はっきりしていなかったが、小松茂美説の通り、古本系の『江談抄』からの転写とみなすことができる。

『吉備大臣物語』の存在

大東急記念文庫本は、奈良の諸大寺を巡礼した『建久御巡礼記《けんきゅうごじゅんれいき》』（南都諸大寺縁起）に貼り継がれた巻子本の部分である。つまり、巻物の第一紙から第二十六紙までは『建久御巡礼記』であり、それに続いて第二十七紙から第三十紙がこの『吉備大臣物語』になっている。さらにこれはもともと『建久御巡礼記』の写本の紙背に『吉備大臣物語』を書写したものが、後の修理の際にはがされて、表の続きにあらたに貼り継がれたことが明らかになった。

本文は、類聚本『江談抄』と『吉備大臣入唐絵巻』詞書との中間形態で、類聚本より絵巻の詞書に近い面もあり、もとは同じ『江談抄』からの抄出であったとしても、類聚本の表現とも完全には一致しない。類聚本が古本系を改訂した結果、やや詳しくなった可能性があろう。書写年時や転写の態度、方法の相違を反映するのであろう（小松茂美「『吉備大臣入唐絵巻』考証」）。

仲麻呂譚への派生

ところで、『江談抄』の類聚本には、この吉備真備譚についで、

巻三第二　吉備大臣の昇進の次第

第三　安倍仲麿、歌を読む事

という二条がみられる。

前者は、真備の経歴の年譜となっている。後者は、有名な阿倍仲麻呂の「天の原ふりさけみれば」歌をめぐる話題である。いずれも当初の古本系から存在していたかどうかは不明であるが、後述のように、『江談抄』成立以降の編集段階で、おそらく類聚本の段階で加えられたかと思われる。後者は短いので原文を引いておこう。

「霊亀二年、遣唐使と為《な》り、仲麿、渡唐の後、帰朝せず。漢家の楼上において餓死す。吉備大臣後に渡唐の時、鬼の形に見《あらは》れて、吉備大臣と言談して唐土の事を相教ふ。仲麿は帰朝せざる人なり。歌を読むことに禁忌有るべからずといへども、なほ快からざるか、いかん」と。師清《もろきよ》、手づから返すなり。

「天の原ふりさけみれば春日なる三笠の山に出でし月かも

件《くだん》の歌は、仲丸《なかまろ》の読みし歌と覚え候ふ。遣唐使にやまかりたりし。唐にて読めるか、い

かん。何事にまかりたりしぞ。禁忌有るべきことか」と。永久四年三月ある人、師遠《もろとお》に問へり。

問答体にはなっているが、「師清」と「師遠」の名がみえ、しかも永久四年（一一一六）という匡房の没後五年後の年記がみえる。この二人は代々、宮中の書記官ともいうべき外記職を務めた中原氏で、師遠が父、師清が息子の親子である。後に「富家《ふけ》関白」といわれた藤原忠実《ただざね》（忠通や頼長《よりなが》の父）の言談『中外抄《ちゅうがいしょう》』を筆録した中原師元《もろもと》も師遠の息子であった。中原家が貴族社会の言談の聞書を収集、管理しており、その一環に『江談抄』があって、話題がまぎれ込んだのかもしれない。いずれにしても、長い真備入唐譚に関連して、仲麻呂の歌をめぐる話題が取りざたされているわけで、真備入唐譚から派生的に仲麻呂の歌をめぐる話が連想されたのであろう。

ここでは、真備譚をひきついで仲麻呂は、楼上で餓死したことになっており、和歌をめぐる禁忌（タブー）が問題視されている。異国で和歌を詠んだことがタブーとなっていて、その是非が問われているようで、仲麻呂が日本に戻れなかった原因の一端として、異国で和歌を詠んだことが詮索されたものであろう。「ある人」が師遠に問いただしているのも、そういう詠歌の作法にまつわるからであろう。

Ⅲ　異伝の誕生

中臣祓《なかとみのはらえ》の起源

ところで、この吉備真備譚をめぐる特異な類話が、すでに今野達によって指摘されていた。天台密教の修法をめぐる儀礼書（事相書）の一大集成である『阿娑縛抄《あさばしよう》』巻八六「六字河臨法《ろくじかりんほう》」の一節「中臣祓事」である（大正新修大蔵経・図像部）。中臣祓はその名の通り、神道系の祓えの儀礼であるが、これを密教が取り込み、修法の一環としていたものである。

まず儀礼に読み上げられる祭文の起源が問題になり、中国から来たものか、弘法大師が唱えたものか、それならなぜ「七瀬祓え」と言うのか、という質問が出て、中国にはない、中臣祓の文言が和語であるのは、もともと和語で書かれたからであろう。「吉備大臣在唐日記」のごときものに、本文が似ているものがある。だから中臣祓はこの国で始まり、習い伝えたものであろうか。「禊祓《みそぎはらえ》」の字がもともと唐にあるだろうか、云々とやりとりされる。

仁平三年（一一五三）四月、中宮の出産で六字河臨法念誦《ねんじゆ》の折り、大納言伊通《これみち》が明玄阿闍梨《あじやり》に河臨法の起源が中国かどうか尋ねる。「河臨法は、慈覚《じかく》大師円仁が唐からきっと持ち帰ったものか、何故、唐言ではなく和語か」と言うと、「それは昔から女子どもにも伝わっている説で、和語に直すのは難しくはない、吉備大臣が唐に渡って知られるようになったもので、さらには『隆国卿抄記』にもそのことは明白である」と明玄が答える。「日本紀には見えないが」と伊通が聞くと、明玄が「中臣祓は中国の書ではなく、日本の誰かが作ったか」と言い、伊通は答えられなかったが陰陽冊生の重盛が「注中臣祓」にその旨があると言っている云々と、六字河臨法と中臣祓をめぐる起源のやりとりが続く。その後で、「中臣祓は、欽明《きんめい》天皇の時から中臣姓が始まるからその頃であろう」と結論づけられる。

「吉備大臣大唐記」と「隆国卿記」

問題はその後で、「吉備大臣大唐記、為隆国卿記一両本」を検証してみてもそのことは引いていないとし、以下のようにいう。

昔、悲母が読んで聞かせた文言にいうに、「大臣が大唐で鬼に乗って夜行の間、その祓えを唱え、「焼き鉤利《かぎと》き鉤を以て、うち放ち、ことのごとく」という段になって、本当に焼けた鉤がたくさん飛びかかって来たので、鬼が切られるのを怖がって逃げてしまった。大臣は、その言葉を聞いて、最初からその部分までを書き付けておくと、翌朝、唐人が来て、その正文を大臣に授けた」という。

文意にやや通じにくい部分があるが、おおよそは上記のようであろうか。真備が鬼に乗って夜行するのは、『江談抄』や『吉備大臣入唐絵巻』にみる真備と鬼の仲麻呂が楼閣を脱出して飛行して宮中に侵入し、学者たちが読んでいる『文選』を盗み聞きする場面がもとになっているのであろう。後世には、たしかに鬼に乗るモチーフもみられるし、『地獄草紙』の一部である鬼が僧を背負って走る「勘当の鬼」図の画面を彷彿とさせる。

祓えの文言を唱えた主体が不明であるが、鬼であろう。その文言の内容にみる「焼き鉤、利き鉤」云々のくだりで、本当に焼き鉤が飛んできたので鬼が逃げ出し、真備はそこまでの文言を書き付けておくと、翌朝様子を見に来た中国人が驚嘆して、祓えの全文の本文を渡した、という内容であろう。

変貌する物語

ここでは鬼は最後に逃げ出してしまうから、仲麻呂の鬼とは別かもしれない。真備が中臣祓の文言を部分的に書き付けておいて、後から全文をもらい受けるのは、『江談抄』や『絵巻』

の『文選』解読の一節に共通する。おそらく中臣祓を全部言い当てるのが、真備に課せられた難題であったのだろう。

しかも、この話題は、「悲母」が子どもに読んで聞かせる物語でもあった。それが、「吉備大臣大唐記、為隆国卿記一両本」に出てくるのであろう。双方の関係も分かりにくいが年代からみて、「隆国卿記」の一、二本に「吉備大臣大唐記」が載っていたのであろう。この隆国といえば、「宇治大納言」とか、「南泉房大納言」と称せられた源隆国《たかくに》であり、今野説の通り、散逸した『宇治大納言物語』に結びついてくる。「宇治大納言」は隆国の通称で、宇治の平等院南泉房で道行く人からいろいろな話を書きとったのが、『宇治大納言物語』だという（『宇治拾遺物語』序文）。ここの真備の話題もまた『宇治大納言物語』にあったとすれば、その逸文の可能性がある。

先に名を挙げた中原師元筆記の『中外抄』には、関白忠実が幼い時に「大納言物語」を読んで聞かされる逸話がある。その話とは、鷹飼が鷹狩りで追われる鳥になる夢を見て出家する『今昔物語集』巻一九第八話に共通する説話で、それ以来、忠実は鷹を飼うのを止めてしまう話であることも思い合わされる。仮にここの真備譚が「隆国卿記」にあるとしたら、『江談抄』よりも前にすでに異伝的な話題が語られていたことになるが、真偽の程はさだかではない。

中世は偽書の時代であるから、いくらでもこの種の説は作られた可能性が高く、書物そのものを著者の実年代にあわせて実体化してとらえるのは危険である。

また、はたして「吉備大臣在唐日記」もしくは「吉備大臣大唐記」は本当に存在したのだろうか。真備がそのような記録を残していた可能性はあるし、後人が作ったものかもしれないが、やはり実在しない偽書とみるべきであろう。二度も唐におもむいた真備の「記」は多くの人が、あるとすれば見てみたいと思う共同の幻想のようなものであり、いつしかそれがあたかも実在していたかのように語られる。まさに中世にたくさん作られた偽書の宇宙の一端にほかならないだろう。

あと、『阿娑縛抄』「中臣祓事」の末尾の方では、中臣祓は異国の敵を防ぐもので、春日《かすが》大明神が作った、との天文博士弘賢《ひろかた》の説も引いている。

Ⅳ　物語の構造、〈解読〉の物語

神話との対応

再び、『江談抄』の真備の物語に戻るが、この話は『古事記』などで著名な大国主命《おおくにぬしのみこと》（オオナムチ）の根の国往還の神話にきわめて似ている。今、そのモチーフを対照させてみよう。

	オオナムチ（『古事記』）	吉備真備
異郷	根の国	唐
迫害者	スサノオ	帝王
援助者	スセリヒメ	鬼（仲麻呂）、長谷観音・住吉神
試練	軟禁、火責め	幽閉、難題

危機打開	スサノオ拘束	日月封じ
帰還	葦原中《あしはらのなか》つ国《くに》	本朝
伝来	生《いく》大刀《たち》・生《いく》弓矢《ゆみや》・天詔琴《あめののりごと》	文選・囲碁・野馬台詩
結末	ヒメとの結婚、八十神撃退	高名

異郷で試練を受けるが、援助者がいて助けられ、異郷の物を持ち帰って力を発揮する、いわゆる貴種流離譚ないし異郷訪問譚である。オオナムチは、ヤガミヒメをめぐる兄弟の争いがもとで妬まれて殺され、根の国に行き、スサノオから試練を受けるが、スセリヒメの援助を受けて、ヒメと共に生大刀などの宝物を持ち帰り、権力を握る。真備の場合、「日本国の御使ひ」であり、日本の威信を一手に引き受けており、鬼の仲麻呂の支援により難題を解決、最後は長谷観音や住吉神の援助も受ける。難題の対象になった『文選』『野馬台詩』や囲碁を持ち帰る。いわば、「外交神話」とみることができる。

東アジアの国際関係をもとにした複雑な対外認識が背景にあり、大国に対する小国の劣等意識とその反転としての優越意識のからまった、外交をめぐる起源譚の意味をもっている。

また、この真備の物語は〈解読〉にまつわる問題がテーマともなっている。解読、すなわち読み解くことそのものが主題となっているのである。真備に課せられた三つの難題は、それぞれ与えられたテキストをどう読むか、に尽きる。『文選』は本文を盗み聞きして記憶し、先取りして筆録する。囲碁もまた碁盤の目をどう読むかの問題であり、天井の組目を碁盤に見立てて石の配置の読みが検討される。敵の手の内をいかに読むかの問題でもある。『野馬台詩』に至っては、一字ずつばらばらに配置された暗号のようなもので、まさにそれをいかに解読するかが問われている。すべて、知的な解読ゲームであり、真備の話は、〈読み〉そのものを課題とする物語でもあった。

V　真備の術と難題の意味するもの

真備の術

真備がこれらの解読に用いたのは各種の術であった。最初に鬼の仲麻呂と会う時に隠身の術を使い、『文選』の段で宮中に侵入する際には飛行の術を使い、さらに囲碁の段で下剤を飲まされてもそれを止める術で対抗し、ついには日月をも封じて世の中を暗黒にしてしまう。それなのに、なぜ楼閣に幽閉されたままでいるのか、素朴な疑問がわいてくる。

あらためて『江談抄』を読むと、真備は入唐して諸道、芸能を学び、「博達、聡恵」であり、ために唐人が恥じて楼に幽閉したとある。真備は二度も遣唐使として派遣されていることが前提になっているのであろう。仲麻呂とは初対面のように描かれるが、一度目は同じ船で渡り、二度目は長安に留まった仲麻呂と再会したに相違なく、そうした経緯が投影されているのであろう。

いずれにしても、真備はすでに術を習得しており、楼の幽閉は大国に真っ向から立ち向かうために、自らの術を駆使する絶好の機会と場だったといえる。いつでも楼から抜け出すことはできたはずなのに、あえて楼に籠められていたとすれば、試していたのは真備の方で、中国側こそ試されていたとみるべきであろう。

術を駆使する真備の像がすでにできており、陰陽者や術者としての真備が、隠身、飛行、便通封じ、日月封じといった諸芸をいかんなく発揮するところに物語の焦点があった。試練を一手に請け負って克服するのが真備の使命であり、外交の手腕が陰陽道に代表される諸芸にすり替えられ、諸芸、術道の起源譚になっている。これは前章でみた真備伝説と深くかかわっている。『今昔物語集』などで真備が「陰陽ノ道」をきわめていたとされることを前提としている。盗み聞いた『文選』の一節を古い暦に書き散らすのは、陰陽道の核心が暦であったことにかかわり、見過ごせない。また、日月封じの術が古い筒と賽盤で行われるのも、双六と占いをはじめ、円形のものと方形盤とを組み合わせる陰陽道の式盤ともかかわるであろう。

難題の意味するもの

ここで真備が課せられた難題の意味についてあらためてみておこう。

まず、最初の『文選』は、春秋戦国時代から中国六朝時代までの詩文の一大集成として日本にも大きな影響を与えたが、十二世紀にはすでに難解な古典となっていたらしい。『江談抄』で匡房は、「三史、文選の師説がだんだん絶えて、詞華翰藻《しかかんそう》を人が重んじなくなった」と慨嘆している(巻六第五三)。三史(『史記』、『漢書』、『後漢書』)や『文選』について教える人がいなくなってしまい、華麗な文飾を凝らすことに関心がもたれなくなった、というわけである。また、同じ『江談抄』巻六第三〇では、『一物集』が中国に渡り、兼明《かねあきら》親王の『兎裘賦《ときゆうのふ》』を見て、この賦を中国の人が作ったら『文選』に入っただろう、と嘆く話がある。『文選』との距離の遠さが逆にこのような説話をはぐくむわけで、真備が古い暦に書き付け、暗誦してしまい、すでに日本にあるのだと豪語する設定そのものに、失われた教養への幻想がうかがえるであろう。

ついで、囲碁に関しては、『日本三代実録』貞観八年（八六六）九月二十二日条に記された延暦二十三年（八〇四）の、伴少《とものお》勝雄《かつお》の例のように、外交上の重要なゲームとして遣唐使の一員に囲碁の名人が派遣されていた。すでに指摘されるように、唐代小説『杜陽雑編《とようざつへん》』下巻の一挿話に、日本の王子が渡来し、宝器音楽を献上し、中国の名人顧師言《こしげん》と囲碁の対局を行うが、三十三手に至っても勝負がつかず、顧師言の打った手（鎮神頭《ちんしんとう》）によってついに敗れる。王子は通訳から顧師言の力量が三番手だと聞き（実際は一番手だったが）、小国の一番手は大国の三番手にも及ばないと驚嘆する話がある。『旧唐書』にもみえるが、顧師言の打った「鎮神頭」の一手が知られ、「顧師言三十三鎮神頭図」もあったらしい。真備の物語とちょうど反対で、大国の力が発揮される展開になっている。あるいは、真備の囲碁の物語はこの『杜陽雑編』をもとに主客を転倒させて造り替えられた可能性もあるだろう。ただ、池田温論によれば、この王子は日本からではなく、新羅圏の人物であろうという。

また、囲碁は真備が天井の組み入れの三百六十目を数え、聖目をさして、一夜のうちに引き分けとなる手を考え出す。『江談抄』だけ、引き分けの「持」となる手を考えつくとあり、これに対して、絵巻では、「三百六十一目」となり、聖目も「九」と具体化される。囲碁の歴史では、梁《りよう》の武帝の時代に、碁盤が十七道から十九道、三百六十一路に改良されたという。梁の武帝といえば、まさに『野馬台詩』を宝誌に書かせたとされる王であり、この偶合が興味深い。

大室幹雄論によれば、三百六十一は、周天の数を表わし、分かれて四つの隅となって四季を表わす。「黒白陰陽の碁石の布置羅列にしたがって、宇宙の発生と万物の生成存在滅亡と四季の推移とが夢幻にも似た迅速で展開する」という。

真備が最後に筒と双六盤とで日月を封ずるように、囲碁や双六など盤上遊戯が重要な道具立てになっていた。黒白、陰陽は日月にも通ずるから、囲碁と日月封じの術とはどこかでつながってくるようにも思われる。

『野馬台詩』の解読

最後の難題、『野馬台詩』に関しては、旧著で述べたが、この詩が中国で作られたとして、いつ、どうやって日本に伝わったたか、詳細は不明である。わずか五言二十四句の短い予言詩であるから、何かの書き付けや断片的な紙切れ、何かの引用等々、いろいろな可能性が考えられる。問題の起点は、それが日本のことを指す予言書と認識された段階にもとめるほかない。

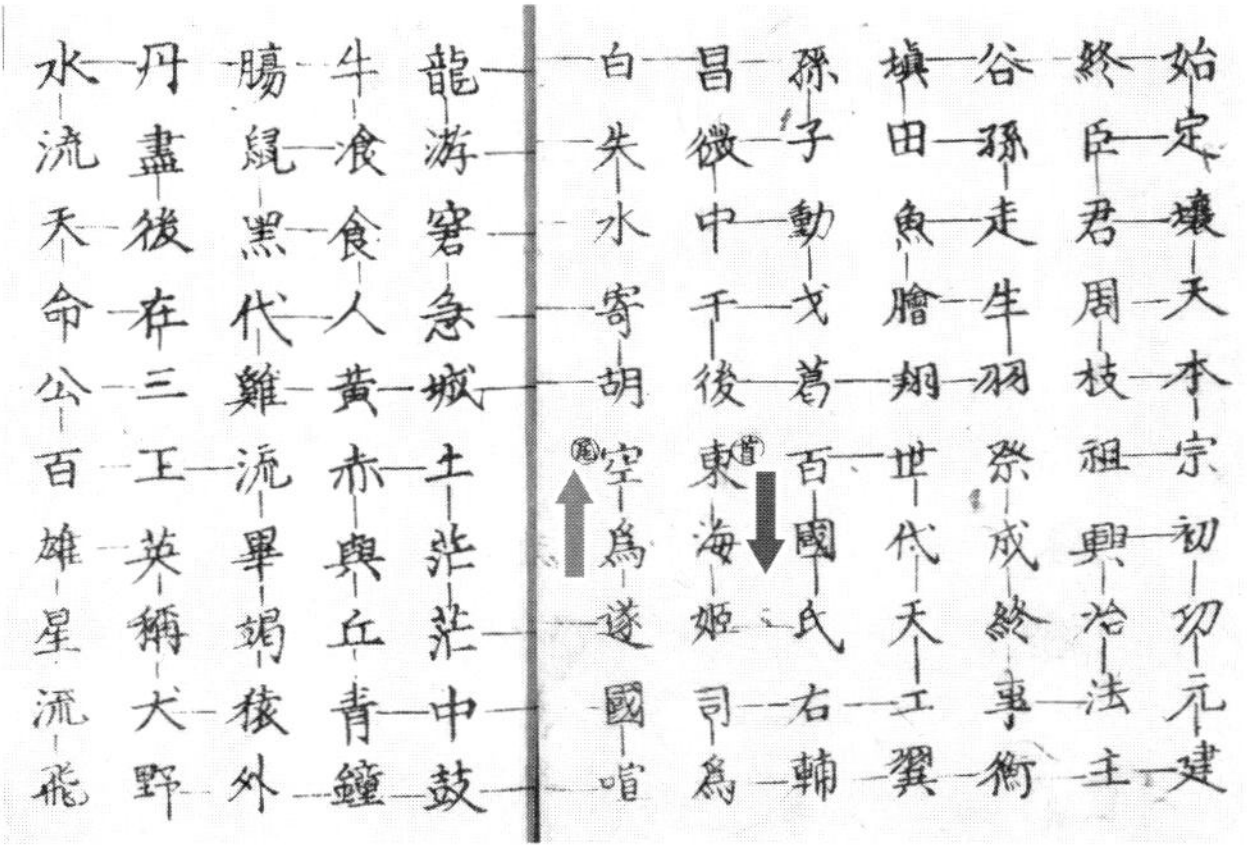

『野馬台詩』の図。解読すると上に王が三つ、それを鼎《かなえ》のように支える構図が浮かび上がる

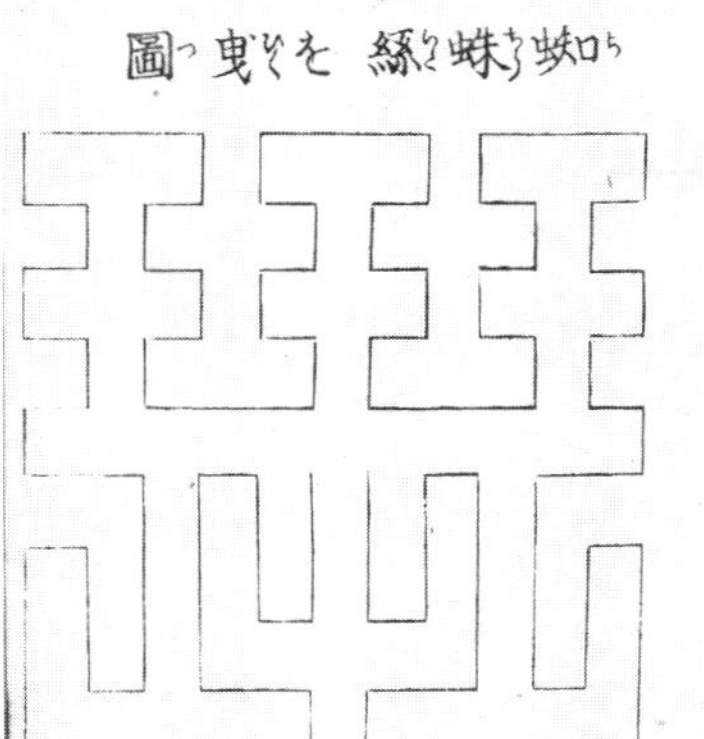

吉備真備が蜘蛛の糸をたどって解読する場面の想像図

江戸時代に出版された『野馬台詩』の注釈書に収められた図版

(『野馬台詩経典余師』著者架蔵)

『野馬台詩』が引用される初例は、中世の『延暦寺護国縁起』に引かれる「延暦九年注」である。八世紀末の七九〇年、奈良朝末期のことになる。これにつぐ例は、三善清行の『善家秘記《ぜんけひき》』の逸文で、清行没年の延喜十八年（九一八）以前になり、承平六年（九三六）の『日本紀私記《にほんぎしき》』丁本にも引かれるから、十世紀にはそれなりに定着していたとみなせよう。

ことに「延暦九年注」が、文字通り延暦九年の注釈であるとすれば、奈良から長岡に京が遷《うつ》った時点のものであり、孝謙（称徳）から光仁に皇統が変わり、桓武が即位して十年足らず、平安京に移るまでの過渡的な時代であった。とすれば、『野馬台詩』は奈良朝末期の、道鏡との関係で知られる孝謙から光仁帝に変わる王統の転換点を予言する形になっており、まさに吉備真備の活躍した時代に相当するのである。

壬申《じんしん》の乱以降、天武《てんむ》系の聖武《しょうむ》から孝謙まで続いた系統が断絶し、再び天智系の光仁に王統が交替し、それを引き継ぐ桓武から平安京が始まるから、古代史の大きな転換点といってよい。その転換を『野馬台詩』が予言していた、とすれば『野馬台詩』の持つ衝撃は大きかったであろう。それを将来したのが、孝謙に仕え、光仁を擁立した真備であったとすれば、まさにその信憑度《しんぴょうど》は高まったであろう。一躍『野馬台詩』は時代を読む予言書として、存在意義を増したと想像されるのである。

げんに『野馬台詩』をめぐる注釈書は中世に増えるが、注釈の位相としてはこの奈良朝末期に焦点を当てたものが古層を形作っている。

それとともに、『野馬台詩』が担った意義は二つある。第一に、「やまと」という日本の国号の典拠となったこと。第二に、「百王流れ畢く竭き、猿と犬英雄と称す」の詩句をもとに日本は天皇百代で終わりだという終末観、いわゆる百王思想の典拠となったことである。後者はまさに『江談抄』で匡房が問題視していたことにかかわり、後の後白河院による『吉備大臣入唐絵巻』の絵巻制作にもつらなっていく。

「やまと」の語源説は、先の『日本紀私記』丁本にみえる。承平六年十二月、宜陽殿で行われた第五次の『日本書紀』講釈の記録で、担当は矢田部公望《やたべきんもち》であった。日本の国号が問題になる箇所で、時代を越えて問い直され続ける。『野馬台詩』が日本とは何かを問う際の主要な資料となっていたことを示している。丁本ではまず日本の称号をめぐって種々の説が出され、その中で「梁時、宝誌和尚讖云、東海姫氏国」として、「姫氏国」の称が出される。また、「東海姫氏国」は「倭国」の名だという説もあわせて引用され、天照大神《あまてらすおおみかみ》や神功《じんぐう》皇后が女であることから「姫氏国」の名が出たかとされる（中世には天照大神男神説もある）。この「東海姫氏国」の語句こそ、「梁宝誌和尚讖」すなわち『野馬台詩』の冒頭の詩句なのであった。

『野馬台詩』は十世紀には、すでに日本の称号説の一環に加えられ、女神や女帝説の典拠ともなっていく。『野馬台詩』が中国で作られたとしても、それが日本に伝わるや、日本の未来にかかわる予言書として扱われる根拠ともなっていく。東方を意味する「扶桑」が日本を指す説に意味変換されていく例とも共通するだろう。

百王思想は、すでに平安中期、十一世紀にはみえるから、それだけ『野馬台詩』の影響力が強かったのであろう。匡房が「王法衰微」、日本の「衰相」を予言したものとするのも、これを受けているし、「宝誌の野馬台の讖」と名を挙げて、「日本」すなわち「野馬台」説を出しているのも、ここまでの流れの集約点にあることをよく示している。

その延長に、『吉備大臣入唐絵巻』が立ち現れてくるだろう。

第三章　『吉備大臣入唐絵巻』の形成と世界

I　実兼・信西《しんぜい》の〈江談〉から後白河院の絵巻へ

醍醐寺本『水言鈔《すいげんしょう》』の存在

前章でみた『江談抄』で、匡房は聞き手の実兼に向かって、次のように言っている。

足下などのやうなる子孫あらましかば、何事をか思ひ侍《はべ》らまし。（巻五第七三）

お前のような子孫がいたなら、何を思うことがあろうか。つまり、どんなにかよかっただろうに、という慨嘆である。匡房が大宰府職を終えて都に帰る前に嫡子隆兼《たかかね》が病没し、自分も老残の身であり、大江家という学問の家断絶への危機感をつのらせていたからである。それほどにも実兼は将来を嘱望されていたようだが、彼は匡房の死んだ翌年、二十八歳で謎の死を遂げる。関白忠実の日記『殿暦《でんりやく》』では、殺されたのではないかとされ、藤原宗忠《むねただ》の日記『中右記《ちゅうゆうき》』でもその早い死が惜しまれている。まだ二十代の気鋭の蔵人であり、よほど将来を期待された逸材であったのだろう。先にみた、師時邸の詩会での篤昌への批判ぶりなどからして、妬みやそねみを買いやすかったのかもしれない。

しかし、実兼は匡房の言談を今日に伝える貴重な筆録を残した。それが子孫にも着実に伝わっていったのである。実兼は藤原南家の学者の家筋で、その忘れ形見が後白河院の側近として辣腕《らつわん》を振るい、平治の乱であえない最期を遂げる藤原通憲《みちのり》すなわち信西入道である。

古本系『江談抄』の古写本の一つに醍醐寺三宝院《さんぽういん》蔵『水言鈔』がある（「江談」のさんずいと言べんを取る）。この本は信西の子である醍醐寺座主の勝賢《しょうけん》から孫の成賢《じょうけん》に伝わったことが知られている。勝賢は信西の息、成賢は勝賢の兄の桜町中納言成範《しげのり》の子であるから、二人は叔父と甥《おい》の関係になる。いずれも平安末期から中世の醍醐寺三宝院を拠点にした学僧である。つまり、『水言鈔』は、実兼―信西―勝賢―成賢と伝来したもので、巻末に建久九年（一一九八）、成賢が上醍醐の覚洞院で閑居し、念誦読経の合間に一見を加えた旨が記され、同じ記事が多々あると疑問を呈している。寛元三年（一二四五）書写の前田家本もこの系統とされ、別系統の高山寺本は永久二、三年（一一一四、五）の識語まで遡るから、かなり早い段階で、『江談抄』は増広、改編されていた可能性があるが、残念ながらいずれも完本ではなく、部分的にしか残っていない残欠本である。

匡房の学統はある面で、実兼を通して信西とその子孫に伝わったとみることができる。たとえば、信西の子の一人、天台宗の安居院流《あぐいりゅう》唱導の大成者として知られる澄憲《ちょうけん》の『言泉集《ごんせんしゅう》』

(「説草」と呼ばれる小冊子に書かれた、法会での説教などの手引き書の集成)には、匡房が書いた願文集の『江都督納言願文集《ごうとくとなごんがんもん》』の引用が最も多くみられるのも、その一例である(願文は法会の場で願主の祈願を述べた、漢文の対句の修辞を凝らした文章)。

このようにみてくると、すでに小松茂美説をはじめ指摘があるように、『江談抄』の真備の物語もまた、信西や勝賢から時の後白河院に伝わったとみることができるだろう。先にとりあげた大東急記念文庫の『吉備大臣物語』が、古本系『江談抄』の抜き書きだったとすれば、類聚本『江談抄』以上に、『吉備大臣入唐絵巻』の詞書に近い面があることも納得がいくであろう。

後白河院と絵巻

後白河院と絵巻の関連は、今日知られるだけでもかなり深いものがある。宮中や京都を中心とする儀礼や祭礼を集大成した『年中行事絵巻』は、近世の模写本の部分が現存するのみだが、もとは六十巻あったといわれる(『古今著聞集《ここんちょもんじゅう》』)。院政期の類聚文化を特徴づけている。また、『吉備大臣入唐絵巻』と並び、中世にはともに若狭の小浜に疎開させていた『伴大納言絵巻』や『彦火々出見尊絵巻』をはじめ、『地獄草紙』『餓鬼草紙』など六道絵巻もまた同様で、いずれも後白河院の宝蔵である蓮華王院《れんげおういん》に秘蔵されたといわれる。『吉備大臣入唐絵巻』もまた同じように、後白河院によって宮中の絵所で制作されたのであろう。

一方で、信西入道が、後白河院による頼信《よりのぶ》への寵愛《ちょうあい》を諫《いさ》めるために、『長恨歌絵巻《ちょうごんかえまき》』を作らせて院に献上したという逸話も伝わっている。時の関白九条兼実《くじょうかねざね》の日記『玉葉《ぎょくよう》』や平治の乱を描いた『平治物語』にもみられるから、当時かなり知られた話であったのであろう。

残念ながら、その絵巻は今日に伝わらない。玄宗と楊貴妃をめぐる悲恋の物語として知られる「長恨歌」の話題が、そのような政治的な意味合いで作られたのは、白居易《はくきょい》（白楽天）の『白氏文集《はくしぶんしゅう》』に所収される「長恨歌」本来の「諷喩《ふうゆ》」（政治にまつわる諫め）に即したものであることがうかがえる。絵巻は決してたんなる娯楽の慰みものや今日のような芸術鑑賞的なものばかりではなく、むしろ政治権力や宗教信仰に深くかかわるものだったのである。

信西が身を以て諫めようとした『長恨歌絵巻』があったとすれば、『吉備大臣入唐絵巻』もまた似たような経緯が考えられないだろうか。ここには、天皇百代で日本は終わるとの終末を予言する『野馬台詩』が出てくるから、後白河院にとっても無縁とは考えられず、むしろ王権維持の上で、より深刻に受け止められるべきものであったろう。

信西が若くして亡くなった父実兼の遺志を継ぐかのように、『江談抄』に出てくる吉備真備入唐の物語を提示し、後白河院がおおいに感化されたのではないかと想定してみたい。あるいは、それが信西ではなく、子の勝賢や孫の成賢でもよいだろう。いずれも真言密教の三宝院を拠点とする醍醐寺座主として、後白河院政に深くかかわった存在であるから、その系脈につらなるはずである。

ちなみに、平家が焼いた東大寺再建に奔走する重源《ちようげん》が後白河院に提出した室生寺《むろうじ》の舎利にもとづき、勝賢が院の前で「経文ならびに未来記」を読み上げると、後白河院がその舎利に心酔し、おおいに感化を受け、「未来記に入らしめ給《たま》ふ」という(『玉葉』建久二年〈一一九一〉六月二十日条)。後日、この舎利はまったくの偽物だったことが判明する。ここでの「未来記」とは、おそらく聖徳太子の予言書〈聖徳太子未来記〉であろうと想定されるが、絵巻に描かれた『野馬台詩』の可能性もないわけではない。とりわけ、「未来記に入らしめ給ふ」という独特の表現が目を引く。「未来記に取り付かれてしまわれた」の意であろう。後白河院が安易にその舎利や未来記を信じ込んだのを、兼実が日記の『玉葉』で非難し、揶揄している。「未来記に入る」とは、いい加減なものを安直に信じ込んでしまうことを非難する当時の諺《ことわざ》であったように思われる。

いずれにしても、ここには勝賢と後白河院のつながりが見て取れるわけで、『江談抄』を媒介とする吉備真備譚もそうした場で語られ、後白河院の関心や危機意識をおおいにあおったことが想像されるのである。

また、後白河院の息子の一人、仁和寺《にんなじ》の守覚《しゅうかく》法親王の『右記』には、

昔、吉備大臣入唐の時、鶏林の術師に習ひ、馬台の博士を伝ふと云々。

とある。周辺に真備の話がひろまっていたことを裏づける例であるが、「鶏林」は新羅を指し、その術師から、『野馬台詩』の「博士」つまり読み方を習って伝えたということになる。蜘蛛の糸を伝って解読するのではなく、新羅の術師から読みを教わる、といった異伝があったのであろうか。

Ⅱ 『吉備大臣入唐絵巻』の成立と流伝

三つの絵巻から

周知のように、後白河院の命によって制作されたと思われる三つの絵巻『伴大納言絵巻』『彦火々出見尊絵巻』『吉備大臣入唐絵巻』が今日にまで伝わったのは、中世に小浜に疎開した

ためである。伏見宮貞成親王《ふしみのみやさだふさしんのう》（後崇光院《ごすこういん》）の日記『看聞日記《かんもんにっき》』嘉吉元年（一四四一）四月二十六日条に、この三点を若狭小浜の新八幡宮から貞成が取り寄せ、息子の後花園《ごはなぞの》天皇に見せている。返却がいつかは、日記の記事が欠けている部分にあったと思われ、不明であるが、そう遠くない時点で戻したとみなせる。

その後の三つの絵巻がたどった運命はまことに数奇というほかない。まず江戸時代になって小浜城主となった酒井忠勝によって召し上げられ、『彦火々出見尊絵巻』は、時の三代将軍家光に寄贈され、江戸城に移された。しかし、江戸城が火災に見舞われた折りに焼失してしまう。献上の折りに狩野種泰《かのうたねやす》に模写させたものが現在、小浜の古刹明通寺に現存する。

そして、『吉備大臣入唐絵巻』は昭和に入ってから流出し、現在はアメリカのボストン美術館に所蔵される。最後まで酒井家に残った『伴大納言絵巻』もまた、昭和五十八年（一九八三）に東京の出光美術館に入った。同じ絵所で制作され、ともに小浜に疎開して生き延びた絵巻がそれぞれの経緯をたどって、今日このようになっていることに、人の運命と同様、作品の命運を思わずにいられない。

この三つの絵巻は、たまたま一緒に疎開していたのではなく、作風も共通し、一見して人物や木立の描写に類似性があり、制作ばかりか、内容上も院政権力の護持に深いかかわりがあったと思われる。私見によれば、『伴大納言絵巻』は、安元三年（治承元・一一七七）の世にいう安元の大火（『方丈記』で名高い）を契機とする、平安京の御霊信仰の一環として、『彦火々出見尊絵巻』は崇徳院《すとくいん》らとの王の位争いをめぐる正統性を保証する神話として、『吉備大臣入唐絵巻』は東アジアの緊張克服もしくはあらたな日宋交流のための外交神話として、さらには百王思想の終末観の危機感から、それぞれ制作されたと考えられる。いずれも後白河院の王権を支えるに必須の絵巻であり、決して消閑の具などではありえない。確たる政治権力にかかわる目的があって制作されたはずである。

絵巻の流伝

『吉備大臣入唐絵巻』がたどった流伝の過程は現在の研究でかなり明らかになってきており、先行の研究によりながら、以下にまとめておこう。

先に十五世紀の『看聞日記』にみる小浜への疎開についてはふれたので、それ以降の特記を、神田房枝論（「「吉備大臣入唐絵巻」再考――その独自性からの展望」）にしたがって年代順に箇条書きで示しておこう。

① 文禄二年（一五九三）、木下勝俊（長嘯子《ちょうしょうし》）、若狭国主となり、献上（吉田言倫『若狭郡県志』巻八）。

② 寛永十三年（一六三六）、烏丸光広《からすまるみつひろ》、詞書を吉田兼好《けんこう》と鑑定（絵巻・付属文書）。

③ 延宝三年（一六七五）以前、古筆了雪、詞書を吉田兼好と鑑定。絵巻の紙数調査（絵巻・付属文書）。

④ 貞享二年（一六八五）以前、狩野安信《やすのぶ》、絵を土佐光長《とさみつなが》と鑑定（絵巻・付属文書）。

⑤ 正徳四年（一七一四）、『彦火々出見尊絵巻』模写本と共に、小浜の明通寺の寺宝となる（吉田言倫『若狭郡県志』巻八）。

⑥ 享保十七年（一七三二）以前、京都商人の三木権太夫が所持（絵巻・付属文書、土佐光吉・奥書『吉備大臣入唐絵巻模本』）。

⑦ 享和三年（一八〇三）頃、六角家当主の三井三郎助（高年）が所持（『住吉家鑑定控』）。

⑧ 享和三年、住吉広行《すみよしひろゆき》が土佐光長と鑑定（絵巻・付属文書）。この時、模写本作成か。

⑨ 幕末頃、再び小浜に戻り、酒井家の重宝となる（『宝蔵探審録』『温良廟側記《うんりようびようそくき》』）。

⑩ 明治時代（十九世紀後半）、山名貫義《つらよし》、師の住吉弘定（弘貫《ひろつら》）の模写本を転写（東京国立博物館蔵）。弘定模写本は広行模写本がもとか、とされる。

⑪　大正十二年（一九二三）、大阪古美術商、戸田商店が落札。
⑫　昭和七年（一九三二）、ボストン美術館東洋部長富田幸次郎が山中商会の仲介で購入。これを機に翌年「重要美術品等ノ保存ニ関スル法律」ができる。

以上によれば、江戸時代、十八世紀以降、小浜の明通寺に移り、いったん京都に流れるも再び酒井家に戻り、二十世紀になって、また流出し、ついにボストン美術館に移った。その間、住吉広行、住吉弘定、山名貫義の三人によって、時代を追って模写されたことが分かる。

上記とは別に、奈良興福寺の大乗院の記録『大乗院寺社雑事記《ぞうじき》』に書名がみえることも知られている。一つは、文明十一年（一四七九）七月十七日条「吉備大臣絵修復了、上下二巻也」、もう一つは、延徳三年（一四九一）九月晦日条「絵注文　三蔵絵十二巻、当院。吉備大臣絵二巻、同」である。前者は修復が終わった記録で、後者は名高い『玄奘三蔵絵《げんじようさんぞうえ》』と併記されている。

これが現存の『吉備大臣入唐絵巻』とすれば、『看聞日記』が嘉吉元年（一四四一）であるから、その三十八年後に該当し、まだ小浜にあったはずで、それを修理したことになる。あるいは、別の絵巻であった可能性もあるだろう。複数の絵巻があったとすれば、『彦火々出見尊絵巻』と同じ神話が十六世紀に『神代物語絵巻』として作られているのと、類似の対照になるが、はたしてどうであろうか。

Ⅲ　絵巻の物語

詞書を読む

現存する『吉備大臣入唐絵巻』は残念ながら、真備が入唐して楼閣に幽閉される冒頭部の詞書と、三つ目の難題の『野馬台詩』解読以下、日月封じから帰国に至る結末の詞書も絵もそっくり欠いている。現存部分の詞書は、楼に幽閉された真備のもとへ鬼の仲麻呂がやってくる段からになる。物語内容は、先にみた『江談抄』や『吉備大臣物語』に同じで、これによって絵巻の欠脱部が想定できるわけである。絵巻の詞書と『江談抄』『吉備大臣物語』の三者を比べると、微妙な表現の差違があるので、いくつか特徴的な違いをひろっておこう（なお、絵巻の詞書の引用は、読みやすさを考慮して、『絵巻大成』の釈文により、適宜私意で表記を改めた）。

まず『江談抄』などでは、鬼の登場は、「深更に及びて、風吹き雨降りて、鬼物《おに》伺ひ来たれり」とあるだけなのに、絵巻の詞書のみ以下のようになる。

夜中ばかりにはなるらむと思ふ程に、雨降り風吹きなどして、身の毛立ちておぼゆるに、いぬゐの方より、鬼うかがひ来たる。

真備の心情に語り手が介入し、深夜の闇を読者に想像させ、身の毛がよだつ恐怖の定型表現をあて、さらに鬼の登場する方角を戌亥《いぬい》（西北）とする。この方位は善悪の両義性をそなえた日本の民俗に深くかかわる聖なる方位であった。そういう方位を明示せずにはおかない、語りの心性による物語指向をそなえていることが注目されよう。

ついで鬼と真備の問答で、鬼はもと仲麻呂であることを明かし、日本にいる子孫のことを気遣い、真備から皆息災だと知って感激、二人は意気投合して語り合う展開になるが、絵巻の詞書のみ、鬼が今まで会った人は皆、「我が姿を見るにたへずして、死にあひたるなり」と述懐する。これも闇や恐怖を強調する語り口に共通している。絵巻の詞書だけ、鬼は楼に棲《す》んでいるとするが、『江談抄』などでは鬼の栖《すみか》は記されない。

その一方、真備が仲麻呂の子孫の説明をする部分は、詞書は「詳しく有様を語る」とあるだけだが、『江談抄』などでは、「誰それの官位の次第など、子孫の様を七、八人ほど語った」と具体的に説明している。官位にこだわるのが語り手の匡房らしいともいえ、本来の故事伝承とはそういうものであったろう。『吉備大臣物語』のみ、仲麻呂が「安穏ニ民ウヂハ侍ル哉」と問いかけ、阿倍の姓を消している。

ついで、『文選』の段では、宮中で盗み聞きした内容を、古い暦十巻ほど用意させて、上帙十巻の部分部分を三、四枚ずつ書いて、一、二日で暗誦してしまう。この一、二日で暗誦したとの箇所が『江談抄』にしかなく、詞書では最初から三、四枚書き破り散らした、とある。また、勅使と真備のやりとりで、『江談抄』では勅使が「この書はまだたくさんあるのか」と尋ね、真備が「たくさんある」と答え、驚いた勅使がいったん帝王に報告し、「文選が日本にもあるのか」という発問になる。『吉備大臣物語』もほぼ同様で、詞書のみいきなり、「この書はどこにあるのか」と問いただす形になる。問答一つ分と帝王への報告が詞書に抜けている。これは絵画化に伴う簡略化とみなせよう。また、『吉備大臣物語』のみ、最後に「また楼を閉じて去った」となる。

ついで囲碁の場面では、先にふれたように、『江談抄』だけ引き分けの「持」になるような手を考えたとあり、詞書などにはない。また詞書だけ「三百六十一目」となり、聖目の数が「九」と明記される。引き分けになって、真備が隙をついて敵の黒石を一つ呑んでしまい、中国側がおかしいと気づき、占いによって真備が盗んで呑んだとされ、下剤に訶梨勒丸を飲ませるが、真備は下痢止めの封を行い、石を出さずに終わり、ついに勝利する。詞書はそこで終わるが、『江談抄』などの方が、「卜筮を課《こころ》みて」とか、「腹中に在り」「瀉薬《しややく》を服せしめんと」等々、記述が細かく、絵巻の詞書の方がより簡潔になっている。

以下の詞書は欠脱しているが、おおよそは『江談抄』をもとに、画面にあわせて簡略化する傾向にあったと思われる。『吉備大臣物語』も類聚本『江談抄』に近いが、囲碁や『文選』の暗誦など部分的には詞書に近い面もある。

絵巻の錯簡をめぐる新説

ところで、この絵巻には欠脱のみならず、補修の際の貼り違えによる錯簡があった。このことを最初に指摘したのは、黒田日出男であったが、しかしながら黒田説は原本調査を経ないもので、完璧を期しがたい面があった。それが二〇一〇年、つぶさに原本調査をふまえた神田房枝の論によって大きな進展をみせたといえる。神田論は錯簡説と同時に、絵巻の成立に関しても、新しい見解を出しており、今後の論点となりそうである。

以下、神田論を要約すると、制作上の問題点として、『伴大納言絵巻』『彦火々出見尊絵巻』及び『年中行事絵巻』は、後白河院の指示にもとづき、宮中の絵所で常盤光長《ときわみつなが》らによる分業体制で、墨書担当の主任、彩色担当の助手、雑用担当の工人らによって描かれたのに対して、『吉備大臣入唐絵巻』は上記に該当せず、力量も劣っている。後白河院の命令で制作は始まったものの、生前に間に合わず、没後に完成したかとし、光長「様《よう》」というべき、光長風の様式の模倣や引用、転用からなる、という説である。

やや結論を急ぎすぎている印象はいなめないし、ことの可否は、絵画の様式ほか美術史の見地からのより詳細で実証的な手続きが必要となるため、ここではふれることはできないが、今まで小浜に疎開していた絵巻三点を一括して成立を考えてきた通説を根本から見直す必要が出てきたとはいえる。しかし、仮に後白河院没後の成立としても、院の意向や権力がかかわったことは否定できないから、ここでは従来の線に沿って述べていくことにしたい。

次に神田説の焦点になる錯簡についてみておこう。錯簡を正した構成は以下のようになる。

第一段	第一紙～十二紙	真備、中国到着、宮中の対応
第二段	第十三紙～十六紙	鬼の登場
第三段	第二十一紙～二十七紙	楼を脱出、文選を盗み見

第四段	第二十八紙～三十四紙	文選熟知を装う
第五段	第三十五紙～三十七紙	囲碁の名人選定
第六段	第三十九紙～四十六紙	囲碁の勝負、下剤封じ
第七段	第十七紙～二十紙	宝誌の野馬台詩筆記
第八段	欠	野馬台詩の解読
第九段	欠	日月封じ
第十段	欠・第三十八紙	暗闇の大騒動
第十一段	欠	日月回復、真備帰国

ここでの最大の焦点は、第七段に当たる第十七紙から二十紙までの錯簡で、これによって、黒田説が認められたことになる。それと、第三十八紙が日月封じの騒動にかかわる場面であったことも明らかになった。第七段の問題は後述する。

宮殿・中門・楼閣のセット法——霞との関連

以上の神田説をふまえて、あらためてこの絵巻の絵画をどう読むか、次にみていきたい。まず、この絵巻で問題になるのは、画面構成の基本が手前の楼閣、中門、奥の宮殿という三つの建築がセットになった構図がくり返されることである。いわば、この絵巻の文法であるかのように、枠組みができている。このセットのくり返しからおのずと物語が展開していく構図となっている。このセットは、『野馬台詩』の解読や日月封じなどの欠脱場面もあわせれば、右の第一段から第十一段まで十回もくり返される計算になる。

ことに中門をはさんで楼閣と宮殿とが相対する構図で、中門の内と外の関係そのものが主題となっているかのようである。中門を介して楼閣の真備や鬼と宮殿の王とが対峙《たいじ》し、使者たちが双方を行き来する。『野馬台詩』の解読までは、王と真備が直接相対することはない。巻頭の真備の到着、真備の楼閣の幽閉、『文選』解読、囲碁の対局などすべてが王への報告で締めくくられている。画面の流れは、到着場面を除いて宮殿から楼へ、楼から宮殿へ、という往還の展開で収束する。

しかも、当初は、楼閣の真備と宮殿の帝王との対峙が最も遠かったのが、難題ごとに次第に接近していく。『文選』は楼閣内で、囲碁では楼を出て楼と中門との間の野外が舞台になる。つまり、楼の機能が次第に喪失していき、最後の『野馬台詩』解読場面は絵画を欠くが、『江談抄』本文からは宮殿内で真備と王が相対する形になる。楼と中門の機能が失われていくわけだが、結末は再度また真備は楼に幽閉され、日月封じの場面に移る。この日月封じをどのように描いたのか、暗闇の現出をいかに演出したか、興味津々であるが、もとより絵は伝存せず、分からない。文字通り闇の中である。

楼の空間は、すでに平安時代の『うつほ物語』「楼の上」や鎌倉時代の『松浦宮物語《まつらのみや》』などにもみえる。真備のこの物語と密接な関連があるだろう。楼は牢《ろう》でもあり、有名な羅城門や朱《す》雀門《ざくもん》ともあわせてみれば、死骸置き場であり、鬼の栖でもあった（いずれも『今昔物語集』など）。絵巻の詞書のみ仲麻呂の霊が楼を栖としていたとするのも、そうした表現の磁場にかなっている。楼は天界にも通ずる異界としての意義を持ち、この絵巻でも楼の持つ異界性が急峻《きゆうしゆん》な階段の図像に象徴されている。

また、よく見ると、楼と門と宮殿はそれぞれの場面展開に応じて霞のかかり方が微妙に異なっており、人物の登場とともに対応しているようだ。楼と門と宮殿とを通して、真備・仲麻呂と王との対峙が霞の描写の技巧によって、巧みに描き分けられているのである。

以下、神田錯簡説にもとづき、楼・門・宮殿がセットになっている場面ごとに段落に応じて示してみよう。

① 真備の到着・昼、王＝全景
② 鬼の仲麻呂の登場・夜（欠失により門・宮殿図は未詳）
③ 真備と鬼、飛行して宮殿に侵入・夜＝中門の半分ほど霞に覆われる
④ 『文選』解読、学者の往還・昼、王＝中門が霞で覆われ屋根の部分のみ見える
⑤ 囲碁の稽古、駆け下りる鬼・夜（欠失により宮殿図は未詳）＝楼の下方に霞、中門は屋根の一部のみ
⑥ 囲碁の勝負・昼、王＝楼の中間部に霞厚く、中門の一部に霞
以下、欠
⑦ 宝誌『野馬台詩』筆記　錯簡・第十七～二十紙残存＝中門は半分ほど霞に覆われる

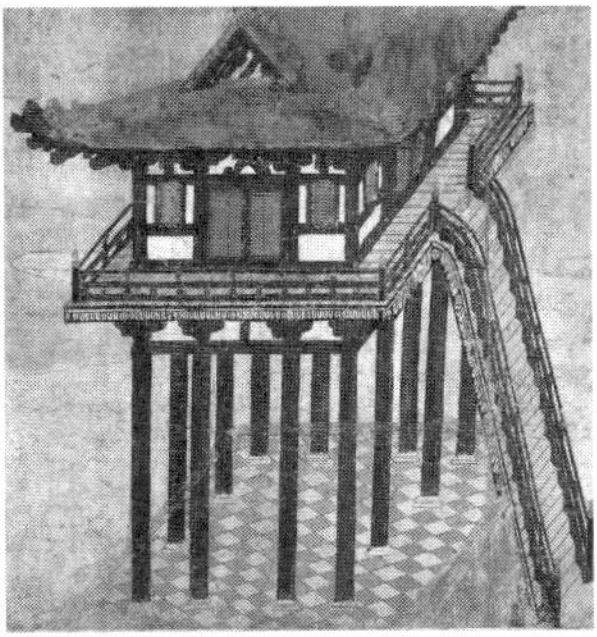

A

B

C

楼閣描写の差違。AからCにかけて霞のかかり方が変わり、次第に楼閣の機能が希薄化（『吉備大臣入唐絵巻』ボストン美術館所蔵 William Sturgis Bigelow Collection, by exchange 32.131 c/o DNPartcom）

⑧　真備『野馬台詩』解読
⑨　再度、幽閉され、日月封じの術
⑩　世界の闇、占い　錯簡・第三十八紙残存
⑪　真備の放免、帰国

⑦以降は大半が残っていないので類推でしかないが、『江談抄』本文からある程度想定できる。宮殿に関しては、昼は王が報告を聞く場で、夜は王が不在、『文選』や『野馬台詩』などの披講や作成の場となっている。王の不在には宮殿の霞が多くなり、それ以外はほぼ安定している。とりわけ中門と楼は場面状況によって、霞のかかり方が大きく異なる。真備と鬼が楼を脱出して飛行する『文選』の場面をはじめ、もはや中門が機能しなくなると霞は多くなる。囲碁の場面では、真備は楼を出て楼と中門の間で対局するから、もはや楼の意義がなくなり、霞が多くかかっている。

『野馬台詩』の解読に至っては、真備も宮殿に入るため、楼は機能せず、画面はおそらくかなり霞に覆われていたはずである。そして、再度また幽閉される段で、霞が消えてもとの姿に戻るのではないだろうか。

A

B

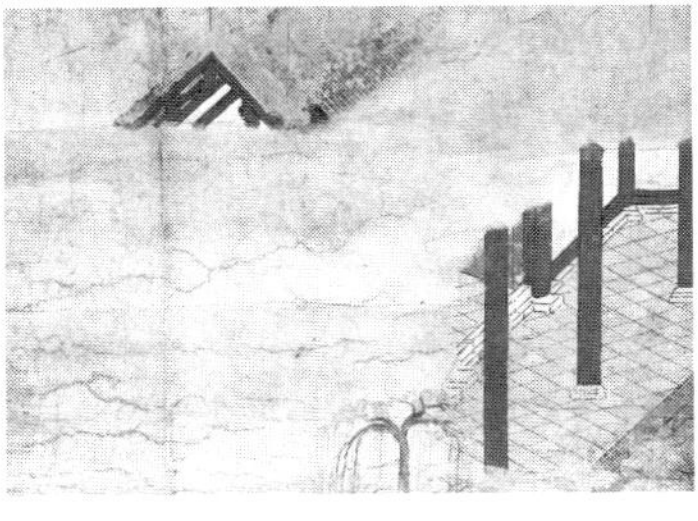

C

中門描写の差違。楼閣同様、AからCにかけて次第に霞が中門を覆っていく
(A、C/日本の絵巻『吉備大臣入唐絵巻』中央公論社刊より、B/『吉備大臣入唐絵巻』ボストン美術館所蔵 William Sturgis Bigelow Collection, by exchange 32.131 Photograph © 2018 Museum of Fine Arts, Boston. All rights reserved. c/o DNPartcom)

以上のように、楼と中門は場面に応じてその描き方に変化があり、建築三点セットのくり返しによる単調さを防ぐとともに、場面状況に応じた霞のかけ方の差違化によって建物の機能が巧妙に描き分けられていたと考えられるのである。

束帯の真備

建築以外で注目されるのは、まず人物の形象であり、焦点化される人物は、真備、鬼の仲麻呂、帝王、学者、囲碁の名人、『野馬台詩』を書く宝誌などで、あとは種々の役人、従者等々の群像である。また、楼閣などの建築に附随する調度や道具、あるいは樹木や牛馬などの動物であろう。

ここでその全容にふれることはできないので、いくつかの面からふれておきたい。

まず、真備は終始一貫して束帯姿で堂々としており、いかにも国から派遣された正使として描かれる。到着した船には何人かいるが、大勢いたはずの遣唐使の一団は消去され、真備一人に特化されている。真備といえば、束帯姿しか思い浮かばないであろう。後世の肖像画や彫刻も同様である。隠身や飛行の術を心得ている術者真備のイメージは、束帯姿からはやや見えにくいが、『不動利益縁起《ふどうりやく》』で安倍晴明《あべのせいめい》が束帯で陰陽の術を使っている画面や『彦火々出見尊絵巻』で陰陽師が豊玉姫《とよたまひめ》の安産祈願をやはり束帯で祈禱《きとう》している例などから、正装であることが、術を駆使する真備像をより確かなものにしているともいえるだろう。

鬼の仲麻呂

さらに人物で着目されるのは、何といっても鬼の仲麻呂である。ざわざわと風にゆれる木立を背景に登場する鬼の図像は印象深く、見る者をひきつける。西北の方角から出現する詞書の描写ともうまく合致している。この鬼のイメージは、異国で亡くなった人々の浮かばれぬ魂を象徴しており、凄惨な感じがして、救済や鎮魂の思いを喚起させずにはおかないものがある。ほとんど怨霊に近く、おのずと御霊への回路をしのばせるであろう。

鬼の仲麻呂。真備より先に遣唐使として中国に来て亡くなり、鬼となっていた。実際には真備と同じ回の遣唐使
(日本の絵巻『吉備大臣入唐絵巻』中央公論社刊より)

旅先で非業の死を遂げた人々の浮かばれない魂、いわゆる「行路死人」の鎮魂は、すでに『万葉集』に遡り、歌に託されていた(巻二・二二八、二二九)。『日本書紀』以下、『万葉集』『日

本霊異記』、各種『聖徳太子伝』で名高い、片岡山で太子が行き倒れの乞食人と遭遇する説話もこれに該当しよう（後に達磨《だるま》に比定されるが）。

九世紀の法会唱導の資料『東大寺諷誦文稿《とうだいじふじゅもんこう》』にも、「東の国の人は道の辺に骸《かばね》を曝《さら》し、西の国の人は水中に魂を没す」と、東国の陸路と西国の海路での亡者を比較した文言がみえ、仏事儀礼の鎮魂供養文であったことをうかがわせる。

鬼の仲麻呂のイメージは、中世の語り物になる、遣唐使が中国で「灯台鬼」にされ、息子が救出に行く話にまでつらなっていき（後述）、望郷や孝養《きょうよう》の主題がより強調されている。これに比べ、仲麻呂の鬼はひたすら日本にいる子孫を気にしており、望郷という以上に中国から遠く子孫を見守る守護霊的なまなざしとなっている。同時に真備に中国のことを熱心に教えるように、より中国に土着化した様子もうかがえる。異国の地に果てた人々の救われぬ魂を、一身に背負って仲麻呂の鬼はある、といえるだろう。

現在でも海外旅行の流行に伴って、「消えた花嫁」の都市伝説がひろまったように、噂話《うわさばなし》の世界でも、異国体験は、潜在的な畏怖の念をもとに怪奇の世界への幻想を生み出し続けている。鬼の仲麻呂はその起源に位置づけられるであろう。

それとともに、仲麻呂の鬼の図像には、どこか憎めないものがある。真備と空を飛行する画面や宮中に侵入して学者の『文選』を読むのを盗み聞きする画面をはじめ、囲碁の打ち方を真備に教えて、慌ただしく階段を駆け下りる姿には、どことなくユーモラスな感じが漂う。恐ろしげな表情とは裏腹に愛嬌《あいきょう》さえあると言えそうだ。最後の難題『野馬台詩』の解読にはもはやお手上げで、後は日月封じで筒と盤を調達するのも仲麻呂であるが、絵巻では仲麻呂がどこまで描かれていたのか不明である。

三つ目の難題『野馬台詩』を宝誌が書く場面では、鬼が侵入しないようにと、三人の官吏に結界を作らせている。真備が次々と難題を突破していくさまを見て、宮廷側も鬼の存在を薄々感じていたのであろうか。『野馬台詩』に近寄れず、暗号のような文字列にはついにお手上げの仲麻呂を描いた画面ははたしてあったのだろうか、疑問は尽きない。

いずれにしても、仲麻呂の鬼は、地獄絵を除いて現存する絵巻類ではかなり早い鬼の形象といえる。全身が赤く、髪は蓬《よもぎ》のごとくざんばらで、角が生え、牙をむきだし、手脚の鋭くとがった爪等々、恐ろしい仲麻呂鬼の形相は、今日我々がイメージする鬼の図像が平安時代には確立していたことをよく表わしている。

宝誌の被《かぶ》り物

絵巻の錯簡説によって、それまで失われたと思われていた画面が浮き彫りにされた。それが第十七紙から二十紙に及ぶ、宝誌が宮中で『野馬台詩』を書いている画面である。絵巻では詞書が失われているが、『江談抄』によれば、鬼の侵入を防ぐために結界を作ったとあり、三人で宝誌を囲むような構図はまさにこれに対応している。そこで注目を集めたのが宝誌の図像であった。しかし、黒田説では、宝誌である根拠は毛皮の着衣くらいで、その後、十分検証されたとはいえない段階に止《とど》まっていた。神田論でもそこまで細かくは追究されていない。

紙に筆で何か書いている謎の人物が宝誌である根拠はいったいどこにあるのか。そのためには内外の宝誌の図像自体から探っていくしかないだろう。そして、美術史の北進一・肥田路美論を通して、中国での宝誌像で注目されるのが独特の被り物であることに気づかされた。

宝誌（四一八〜五一四）についてはすでに多くの研究があるが、かいつまんで述べておくと、中国南朝、梁代の神異僧で、予言をよく行い、後世、観音の化身とされる。日本のお盆の行事に近い水陸会の始祖ともされる。日本や朝鮮半島、さらにはベトナムにまで知られる存在である（僧伝集の『禅苑集英』）。『梁高僧伝《りようこうそうでん》』をはじめ、さまざまな伝記、伝説に彩られている。鳥

『野馬台詩』を書く宝誌

宝誌のシンボルである三布帽を被っている

（「吉備大臣入唐絵巻」ボストン美術館所蔵　William Sturgis Bigelow Collection, by exchange 32.131
Photograph © 2018 Museum of Fine Arts, Boston.　All rights reserved. c/o DNPartcom）

の巣から生まれたので長い爪があり、鱠《なます》を吐き出して生き返らせるなど、怪異譚が多く、梁が亡びる侯景《こうけい》の乱を予言したことから、予言者のイメージが定まったらしい。

一方、近時紹介された真福寺の古写本の発見によって再注目される『心性罪福因縁集《しんしょうざいふくいんねんしゅう》』（北宋、日本偽撰か）では、宝誌（法志）は比丘《びく》との対話を主に仏道を説く真摯な僧として描かれている、とされる（吉原浩人）。

日本では、予言書（中世では未来記）『野馬台詩』の作者として有名で、また、顔を割って中から観音が出てくる肖像画を描かせる観音化身の説話も『宇治拾遺物語』をはじめ、数多く伝わる。朝鮮半島では、高麗《こうらい》時代の一切経で名高い海印寺《かいいんじ》の創始にかかわる予言譚が知られる。

日本に伝わる宝誌像は、平安時代の円仁など中国で宝誌像を見たり、日本に請来した大安寺《だいあんじ》などの記録があり、いずれも顔から観音が出てくる観音化身像であり、大半は僧形であるから、この絵巻の図像とは直接しない。一方、中国での宝誌像といえば、長髪に錫杖《しゃくじょう》、あるいは三布帽とか宝誌帽という独特の帽子をかぶった異形の僧のイメージであった。

たとえば、宝誌像の古いものに敦煌莫高窟《とんこうばっこうくつ》第三九五窟にみる図像があり、さらには唐宋代の石仏群で著名な四川省《しせんしょう》の大足山などにも現存する。北・肥田論文によれば、夾江《きょうこう》千仏巌石窟第九一号龕《がん》（七一二〜八五六年、中唐、晩唐）、大足北山石窟第一七七号窟（一一二六〜一一六二、

（写真提供：ユニフォトプレス）

（写真提供：吉原浩人氏）

（写真提供：吉原浩人氏）

（写真提供：ユニフォトプレス）

中国の宝誌像
上は敦煌莫高窟の図像、下はいずれも四川省大足山の石仏北宋・靖康《せいこう》、南宋・紹興《しょうこう》）、大足石篆山石窟第二号龕（一〇八五年、北宋・元豊《げんほう》）、広元《こうげん》市観音崖石窟等々に宝誌像がみられる。僧伽《そうぎゃ》（泗州《ししゅう》和尚）、誌公、万迴《まんえ》とセットになる場合が多いようだが、その宝誌は錫杖を持ち、その杖頭に鏡、剪刀《せんとう》、曲尺をつるし、三布帽（宝誌帽）をかぶって、鳥爪をはやしている。宝誌といえばその類のイメージが確定していたのである。なかには、『梁高僧伝』の記述にもとづき、不老不死の薬を探し求めるような像もあり、水陸会の始祖伝承もあいまって、観音から地蔵の化身説も現れてくるという。

時代は十五世紀の明代に下るが、釈迦《しゃか》の伝記に始まって天竺《てんじく》から中国に至る仏法流伝を説く挿絵付きの一大僧伝集成の『釈氏源流《しゃくしげんりゅう》』にみる宝誌の図像も、やはり帽子をかぶっている。錫杖は弟子の僧がかついでいるが。

また、二〇一六年、かつて梁の都だった金陵《きんりょう》（現在の南京《ナンキン》）北郊、霊谷寺《れいこくじ》の一角にある宝誌を祀る宝公塔と志公殿を訪れることができたが、そこでみられる宝誌像もまた三布帽姿であった。

このようにみれば、『吉備大臣入唐絵巻』にみる宝誌の被り物は、形は中国のものと完全に合致しなくても、宝誌像の典型として欠かせないものであったことを、絵師が了解していて描き込んだとみなせるだろう。宝誌といえば帽子の被り物というイメージがすでに固定化していて、それが日本にも及んでいたといえないだろうか。絵巻の図像がどこから何をもとに描かれたのか、具体的な徴証は不明であるが、何らかの絵手本があった可能性もあるし、すでに宝誌の図像が日本でも確立していたと想定できるだろう。三布帽ないし宝誌帽のイメージが確実に日本にも伝わっていた証《あかし》として、絵巻の宝誌像はあるのではないだろうか。

絵画を読む重要性をあらためて認識させられるとともに、東アジアに視野をひろげて見ることの意義が知られるだろう。

帝王とその周辺

王に関しては、ほとんど宮殿中央の玉座に座した姿のみで三回登場する。真備の到着、『文選』学者の報告、囲碁の名人の報告から真備についての情報を得ている。この王は真備の時代とすれば、唐の玄宗らが相当するが、宝誌が出てくる関係で、梁の武帝のイメージも重ねられている可能性もある。もともと宝誌が出てきて『野馬台詩』をその場で書くのは、真備とは時代が合わない。しかし、物語としては、真備を亡き者にするための方策として、その現場で即座に書かれた謎のテキストが必要なのであって、わざわざ三人で取り囲むように結界を作って書かせる儀礼的な場が意味をもつ。宝誌が『野馬台詩』を作成する現場が描かれるのもそのた

宮中場面の比較。王の在（上）と不在（下）

（上／『吉備大臣入唐絵巻』ボストン美術館所蔵　William Sturgis Bigelow Collection, by exchange 32.131　Photograph © 2018 Museum of Fine Arts, Boston.　All rights reserved. c/o DNPartcom、下／日本の絵巻『吉備大臣入唐絵巻』中央公論社刊より）

めである。

王と真備はついにこの『野馬台詩』解読場面で相まみえることになるが、その画面は残されていない。くり返し描かれる宮殿で、王がいる時と不在の時とがあり、『文選』の盗み聞きを

『文選』解読から戻る儒者（左）、障子絵（右）との比較
（左／『吉備大臣入唐絵巻』ボストン美術館所蔵　William Sturgis Bigelow Collection, by exchange 32.131　Photograph © 2018 Museum of Fine Arts, Boston.　All rights reserved. c/o DNP artcom、右／日本の絵巻『吉備大臣入唐絵巻』中央公論社刊より）

はじめ、王の不在時に事態が進展する。王の不在はすなわち夜である。

王の玉座はよくみると、画面ごとに微妙に異なり、後から描き足していることが一目瞭然《いちもくりょうぜん》であるが、さらにその奥の障子にも絵が描かれている。画中画である。これを見ると、人物が馬に乗り、伴の者を従え、野山に遊楽に出かけている雰囲気である。木々が紅葉しているから紅葉見物の遊楽図であろうか。よく見ると、馬上の者が傘を差しており、この図像は、絵巻の一つの画面そのものに直接響いてくるようだ。

その画面とは、黒田説が問題にしていた『文選』解読で、馬に乗った学者が行きは付き従う従者が傘を持っていたのに、帰りは学者自身が傘を差しており、それがいかにショックを受けたかを表わしている、という点である。しかしながら、この玉座の背後にかいま見える障子絵の遊楽風景では、馬上の人物自身が傘を差していることが、ごく通常の光景のように描かれている。『文選』解読でショックを受けた姿とまでいえるかどうか、疑問なしとはいえないように思う。

ついでにいうと、この学者が宮殿と楼閣との往還で従者の人数が増えていることも注意される。行きは三人なのに、帰りは五人に増えている。行きは、傘を持つ顎髭《あごひげ》の男、『文選』の箱を持つ被り物の男、扇を持つ赤地の木瓜《もっこう》模様の男の三人であるが、実は楼の下に着いた場面でもう一人増えていた。無地の着物の男である。帰りはさらにこれに橙《だいだい》色《いろ》の着物の人物が加わっている。赤地の木瓜模様の従者は、冒頭の真備到着の場面でも出ていた。

これらのことどもに何か意味があるのかどうかはまだ明らかではないが、絵画解読の面からひとまず留意しておきたいと思う。

そして、宮殿場面に関してみれば、やはり錯簡が明らかにされた第三十八紙が、現存する最後の画面に相当することになる。真備が日月を封じたため、対策を協議するのに呼ばれた老人が手を取られて階段を登ろうとしている。右手には笏《しゃく》を持っている。手前には履《くつ》を持っている伴の者がいて、よく見ると、この翁は裸足《はだし》である。被り物から見ても、学者や官僚ではないから、おそらく占い者ではないかと思われる。その後ろにも笏を手にして直立不動の人物が続く。宮中に呼び出された占い系の者か、危機を打開すべく呼び集められた学識者であろう。

そのほか、使者たちの動きを待っている従者たちや宮殿に仕える役人たちのしぐさ、動作などが細かく描かれており、いろいろ問題になりそうだが、ここでは省略せざるをえない。中門あたりによく描かれる樹木、木立などは、『伴大納言絵巻』によく似通っている。牛や馬の様子なども、座っている牛の姿を真後ろから描く描き方なども興味深く、またあらたな解読法がもとめられるだろう。

絵師たちは、異国を描くことがどういうことか、いかに異国をそれらしく描くかに腐心したに相違ない。

制作の目的

後白河院がこの絵巻を作らせた根本の要因は何か。一つには、日宋交流の活発化に伴うあらたな神話が必要になったことが考えられる。遣唐使が廃止されてから、すでに三百年もの歳月が過ぎていた。かつては遣唐使廃止が独自の国風文化を生んだという、江戸時代の鎖国観と共通する史観がまかり通っていたが、正式な国交はなくとも、十二世紀は南宋の経済発展の波が東アジアに波及し、日宋交流が盛んになっており、それゆえ、外交にまつわる、拠りどころとしての起源を語る神話がもとめられたのであろう。

この絵巻には、異文化交流に伴う異国への潜在的な違和感や恐怖感のようなものが取り出されている。それが文化落差による大国・小国意識と密接につらなり、優劣意識が時計の振り子のように揺れ動くことになる。鬼の仲麻呂は、そうした異国への恐怖や違和の結晶のごとく造型された像であり、いわば異国から日本を見すえる守護霊であった。真備が外交の栄光を担うとすれば、仲麻呂は屈辱や苦渋に満ちた暗部を一身に背負った存在である。これをたんに史実と異なる荒唐無稽として退けるのは、あまりに人間の心理や想像力のはたらきを軽視した浅薄な見解にすぎないだろう。

仲麻呂の鬼は、この絵巻のもう一つの主題といってもよく、御霊絵巻としての特性を表わしているのである。

この時代、天皇や院が異国人と会うことは禁じられていたにもかかわらず、後白河院は平清盛の仲介で、福原で宋人と会っている。時の右大臣九条兼実は、日記『玉葉』嘉応二年（一一七〇）九月二十日条でそのことにふれ、延喜以来の未曽有の事だとし、「天魔の所為」かとまで言っている。歴史物語の『水鏡《みずかがみ》』にもふれられるから、たしかに事件だったとはいえようが、後白河院にとって、そのようなタブーはもはや意味がなかったのであろう。宋人との会見は絵巻の制作とも無縁ではなかったのではないだろうか。異人と出会う絵巻の世界を実際に追体験することにもつながるはずで、観《み》るという行為の政治力学的な意味があっただろう。

旧著では、絵巻の本意を以下のごとく仲麻呂の御霊や真備の「外交神話」として位置づけてみた。

『彦火々出見尊絵巻』があらたな王権の枠組みを開示する中世神話のはしりであるとすれば、『吉備大臣入唐絵巻』は王権を対外的に保証することをよそおう外交の起源譚にほかならない。大国に対する小国日本の、宿命的な対外意識の過剰な優位性を誇示すべき象徴としてあり、視覚によって対象を確実にとらえうる絵巻というメディアを通して、表出されたのである。

『野馬台詩』の起源を描く

この基本線は今も変わらないが、それとともに、やはり日本の命運を占っているとみなされた『野馬台詩』の伝来を描くことの、より大きく重い意義をくみ取るべきではないかと考えるようになった。外交の起源譚や御霊絵巻としての面とともに、もう一つの核がやはり予言書の

『野馬台詩』の伝来にあったのではないか。『江談抄』でも、匡房の真備をめぐる談話の焦点が日本の衰微を予言する『野馬台詩』にあったのと同様である。天皇百代で日本が終わるという終末観に後白河院とて無関心ではいられなかったはずで、その起源の物語がおのずと必要とされたであろう。絵巻はそのために制作されたとみるべきではないだろうか。

同じ絵所で制作されたと考えられている『彦火々出見尊絵巻』もまた天皇の起源にかかわる神代巻の王権にまつわる神話であり、後白河院にとっての王権の正統性と緊密につらなっている。『伴大納言絵巻』もまた日本の中枢である都市平安京、その宮中の門の焼失とそれをめぐる政変がテーマであり、後白河院政にも密接にかかわる事象であった。菅原道真の天神をめぐる『北野天神縁起絵巻』とも同様、平安京の御霊信仰にもまつわる。

後白河院と『野馬台詩』との接点は現在見出し得ていないが、時代状況や文化的環境からみて、『野馬台詩』の影響は院政期すでにかなり及んでいたことに疑いない。天皇が七十代に及んだ時代であってみれば、百代で終わりだという終末観はいやが上でもかなりの緊張を強いられたはずであり、そうした危機意識が逆に権力体制を支えるエネルギーにもなったであろう。後白河院自身、「未来記に入らしめ給ふ」といった、まさに〈未来記症候群〈シンドローム〉〉の渦中にいたとすればなおさらである。

『吉備大臣入唐絵巻』はこうして、国家の命運を左右しかねない『野馬台詩』という予言書の起源を視覚的に確定する宝物となったのであった。しかも、その肝心の『野馬台詩』の解読と将来の場面が欠けてしまっているという矛盾が現存本にはある。最も重要視されたはずの段が欠脱していることから、今までその面がともすれば見のがされていただけであるように思われる。

今は失われた『野馬台詩』の部分こそ絵巻の枢要としてあったはずで、どんな画面であったのか、絵巻を繰るたびに隔靴《かっか》搔痒《そうよう》、無念の思いがつのるばかりである。

第四章　遣唐使の神話と伝説

Ⅰ　王朝物語と遣唐使

「まえがき」で述べたように、廃止されて以後の遣唐使像の問題について歴史学はあまり語ることがない。しかし、廃止以降にこそ遣唐使の存在は想像の世界に入り、さまざまな物語伝承が形作られていく。前章にみた『吉備大臣入唐絵巻』はまさにその象徴であったわけで、後代に再創造された領域の意義は無視できないのではないだろうか。いわば、実体の遣唐使ではなく、対象化され、幻想化された、あらたな遣唐使像の形成の課題である。このような想像領域の遣唐使像は、すでに十世紀以降の平安時代の仮名の物語から始まっている。

『竹取物語』の難題譚

十世紀、仮名の作り物語の初めとされる『竹取物語』は、かぐや姫の物語としてあまりに有名であるが、かぐや姫に求婚する五人の貴公子たちに姫が次々と難題を出す場面がある。誰もこれらの難題を解決できずに退散して、最後は天皇が乗り出す展開となるわけだが、この難題をめぐる話題の数々に、異文化交流の痕跡が濃厚にうかがえ、遣唐使の問題もかかわってくるのである。すでに丁莉「『竹取物語』に読む古代アジアの文化圏」で詳細に検討されているので、ここでは丁莉論をもとに、遣唐使にかかわる面について取り上げてみよう。

かぐや姫が提起した難題は、石作《いしつく》りの皇子《みこ》は「仏の御石の鉢」、くらもちの皇子は「東海の蓬萊《ほうらい》山の玉の枝（根が白銀、茎が黄金、実が白玉）」、右大臣阿部のみむらじは「火鼠《ひねずみ》の皮衣《かわごろも》」、大伴《おおとも》の大納言は「龍の頸《くび》の五色の玉」、石上《いそのかみ》の中納言は「燕《つばめ》の持つ子安の貝」である。

最後の子安貝を除いて、いずれも日本にはない、異国にあるか、もしくは実在しないような代物であった。まずは解決し得ない、実現し得ない物で、かぐや姫は最初からそれを見越して難題として出したのであろう。そこでおもしろいのは、貴公子たちの対応で、実際に現地に赴こうとした者と、最初からあきらめて物をでっちあげようとした者とに分かれることだ。前者の実行組は右大臣阿部のみむらじ、大伴御行《みゆき》の大納言、後者のでっちあげ派は、石作りの皇子、くらもちの皇子である。後者は、当然、行ってもいない異国への旅を偽装し、文字通り苦難の旅の様子を騙《かた》ることになる。

くらもちの皇子でいえば、難波から出航したふりをして、三日後密かに戻り、秘密の工房を造って鍛冶職人を雇い、「蓬萊の玉の枝」を作らせる。巧みに難波に戻ったふりをして「優曇《うどん》華《げ》の花」を持って帰ったとの噂がひろがる。その語りにいう。

ある時は、浪《なみ》荒れつつ海の底にも入りぬべく、ある時には、風につけて知らぬ国に吹き寄せられて、鬼のやうなるもの出で来て、殺さむとしき。ある時には、来し方行く末も知らず、海にまぎれむとしき。ある時には、糧つきて、草の根を食ひ物としき。ある時は、いはむ方なくむくつけげなるもの来て、食ひかからむとしき。ある時には、海の貝を取りて命をつぐ。旅の空に、助け給ふべき人もなき所に、いろいろの病をして、行く方そらもおぼえず。

云々と、見知らぬ国に漂着して鬼のような現地人と遭遇したり、食料が尽きて草の根や貝を取って食べたり、という。まるで実際に体験したかのような航海の苦難を騙ってみせる。まさに物語である。この語りは遣唐使の航海の苦難そのものであり、たとえば、平群広成一行が崑崙国に漂着し、現地人に捕らえられて殺されたり、命からがら逃げ出したり、疫病にかかって命を落としたりと悲惨な目に遭うこともあった（『続日本紀』天平十一年〈七三九〉十一月三日条）。遣唐使の旅の記憶や伝承がまだ生き続けていた証左として読めるであろう。まさに「言の葉を飾れる玉の枝」ならぬ、「言の葉を飾れる」旅の物語ではあった。

また、「龍の頸の玉」を実際に探しに行く大伴御行の大納言は、航海に乗り出す。いかがしけむ、疾《はや》き風吹きて、世界暗がりて、船を吹きもてありく。いづれの方とも知ら

ず、船を海中にまかり入りぬべく吹き廻《まわ》して、浪は船にうちかけつつ巻き入れ、神は落ちかかるやうに、ひらめきかかるに、

「神」は雷で、嵐に遭遇した様が描かれる。船頭が「御船、海の底に入らずは、神落ちかかりぬべし。もし幸ひに神の助けあらば、南の海に吹かれおはしぬべし」と言い、龍を殺そうとした報いだから、早く神に祈れと言われ、「楫《かじ》取りの御神」すなわち船霊に祈願し、誓言をたてる。風に吹き返されてたどり着いたのが、「南海の浜」ならず、播磨の明石であったという。龍の玉ならず、風病で両眼が李《すもも》のような玉になっていたとも。丁莉論にみるごとく、「南海」漂流が負の「集団的記憶」として受け継がれていた経緯をしのばせる。

以上、『竹取物語』には、「遣唐使」の名はみられないものの、遣唐使の旅の記憶がまざまざと生きており、航海の危難、漂流や漂着への不安や恐れが刻みつけられている。それがくらもちの皇子のごとく偽の話題であっても、大伴の大納言の実際の航海であっても、物語においては差違はないだろう。また、阿部の右大臣の家臣とされる小野ふさもりのごとく商船で渡唐した人物も登場し、円仁の『入唐求法巡礼行記』の帰還の際にみる日本の「神御井船」や蘇州《そしゆう》発日本行きの船などのように、かなり往還が活発であった状況を映し出しているとみることができるであろう。

『うつほ物語』の俊蔭《としかげ》

ついで、やはり同じ十世紀に作られたとされる『うつほ物語』は、最初の長編物語として知られるが、その始まりは遣唐使俊蔭の物語である（俊蔭巻）。以下、物語の遣唐使に関連する一節にしぼって、かいつまんでみておこう。

清原《きよはらの》俊蔭は十六歳で遣唐使として渡唐するが、暴風に遭遇して波斯国《はしこく》に漂着する。そこから西へ行き、出会った仙人から琴を習い、阿修羅から木の端を譲り受け、仏の加護を得て三十の秘琴を得る。二十三年目に帰朝し、娘に琴を伝授し、後を娘に託す。娘をかいま見た若小君（兼雅《かねまさ》）は一夜だけ契りを交わし、以後禁足の身となる。俊蔭の娘は男子を生み、母子は北山の奥に籠もり、熊の親子から杉の巨木のうつほを譲られ、母は息子に琴を伝授する。息子十五歳の時、北野行幸を契機に父兼雅と遭遇、自邸に引き取り、息子は仲忠《なかただ》となる。

これとは別に遣唐使と楽器をめぐる話題は、琴ではなく琵琶《びわ》であるが、承和《じょうわ》二年（八三五）最後の遣唐使の一人、藤原貞敏《ふじわらのさだとし》が有名である。廉承武《れんしょうぶ》（記録では劉二郎《りゅうじろう》）に師事して琵琶の秘曲を伝授され、承和六年に帰国して、琵琶の名器「青山《せいざん》」「玄象《げんじょう》」を将来したことで知られる。俊蔭には貞敏のイメージが重ねられていたであろう。

琴は礼楽の中心で王権とも深くかかわる楽器であった。暴風に見舞われて、三船の内、二つの船は損壊し、俊蔭の船だけ助かり、波斯国に漂着したという。三船仕立ては遣唐使船でよくある事例であり、その歴史をふまえているといえる。

観音を念ずると馬が現れ、琴を弾く三人の仙人のもとへ連れて行くくだりは、明らかに『法華経』観音普門品（観音経）にもとづく。斧《おの》の音を頼りにさらに西へ行き、阿修羅と出会い、秘琴を譲られる。ここで阿修羅が出てくるのは、おそらく須弥山《しゆみせん》世界のイメージが介在しているのであろう。阿修羅は本来、須弥山の海底深く潜む存在であり、それが立ち上がると須弥山よりも高くなるという出で立ちで、娘が帝釈天に奪われたのを取り戻すために常に争っていたとされる。

そしてさらに、天稚御子《あめわかみこ》や天人の降下があり、さらに西へ行って七仙人と弾琴、それが仏の耳に届き、仏が現れて前生を語り、未来を予言する。仏の語る前生譚で、すべてを見通した存在として仏が人物の過去世と来世について語る、いわば物語の語り手として君臨するのである。このあたりの展開は波斯国への視野ともあいまって、仏法の世界観に立脚している。波斯国文化は大唐長安で遣唐使たちが実際にふれたに相違なく、正倉院の著名な瑠璃坏《るりのつき》は波斯原産とされる。

第九次の七三三年派遣、多治比広成大使の二年後の帰還で、第二船の副使中臣名代の船には、婆羅門僧正菩提僊那、林邑僧仏哲、唐僧道璿らが乗船、東大寺大仏開眼会で重要な役割を果たしている。さらに波斯人李密翳《りみつえい》、唐人皇甫《こうほ》東朝《とうちょう》たちも乗っていた。大江匡房の『江談抄』巻三第四三には、波斯国語をめぐって、「一ササカ、二トア、三アカ、四ナムハ」云々という引用例もみられる。波斯国は通常、ペルシャとされるが、『江談抄』の引用がマレー語であるように、東南アジアあたりをも指す呼称である。九世紀の唱導資料『東大寺諷誦文稿』には、世界における正法講説の言葉が融通《ゆうずう》無碍《むげ》である例に、「大唐、新羅、日本、波斯、崑崙、天竺」の人々が集まっても、仏は一音で風俗の方言にしたがって聞かせた、という。波斯は東南アジアのイメージの方がふさわしいであろう。異国、異文化のイメージ醸成にかかわっていた。俊蔭の帰国は、交易の船により、入唐後二十三年、すでに三十九歳であった、という。承和の最後の遣唐使の面影を留めるとすれば、交易船で帰還する設定は実際にかなっている。

以上、『うつほ物語』には、最後の遣唐使時代の記憶が濃厚に投影されていることが確認できるだろう。

『浜松中納言物語』の日中往還

ついで十一世紀後半、『更級日記《さらしなにっき》』の著で知られる菅原孝標女《すがわらのたかすえのむすめ》が書いたとされる『浜松中納言物語』をみよう。

主人公は中納言で、父が亡くなって何と唐土の第三皇子に転生、すでに四、五歳であることを知って、孝養のために渡唐する。遣唐使ではないが、中納言の身分で渡航が可能になるのは、遣唐使的な発想が前提になければ考えにくいであろう。唐土で出会った唐后は河陽《こうよう》県に住んでいて、日本に渡航した秦《しん》の親王と吉野の尼君との子であったが（今でいえばハーフに当たる）、中納言と恋仲になって契りを交わし、若君が生まれる。後に唐后は亡くなって日本の東宮と吉野の尼君の娘である吉野の姫君との間の子として転生する。錯雑とした関係が日中往還と転生の相関から描き出される。

孝養のこころざし深く思ひ立ちにし道なればにや、恐ろしう、はるかに思ひやりし波の上なれど、荒き波風にもあはず、思ふかたの風なむことに吹き送る心地して、もろこしの温《おん》嶺《れい》といふところに、七月上の十日におはしまし着きぬ。そこを立ちて、杭州《こうしゅう》といふところに泊まり給ふ。その泊まり、入江の湖にて、いとおもしろきにも、石山の折りの近江《おうみ》の海思ひ出でられて、あはれに恋しきことかぎりなし。

『うつほ物語』では漂着が起点となっていたが、ここでは孝養の道のおかげか、荒波にもあわず、思い通りの風に吹き送られて、「温嶺」にたどり着き、杭州に移動する。「入江の湖」とは杭州の景勝「西湖《せいこ》」であろう。これを日本の「近江の海」すなわち琵琶湖と対比している。杭州は宋代の中心都市であり、この物語に登場するのは、当時の日宋交流の盛況をよく表わしている。しかも、もはや航海の苦難は消え去っていて、日中往還の旅は軽々と東シナ海を越えている感じさえする。

翌日は、函谷関《かんこくかん》に迎えの人々がやって来るが、その様子は『唐国』という物語に絵が描かれているのと同じようだった、という。杭州と函谷関とではまったく位置関係があわないが、現実とは異なるイメージ・マップの世界とみるべきである。ここで想起される『唐国』という物語は『狭衣《さごろも》物語』にも引用があり、実際にあった散逸物語とされる。絵が連想されるから、絵巻としてひろまっていたのであろう。あるいは架空の物語として、唐の名が出るごとに呼び起こされる共同幻想的なものだったかもしれない。

先行する関連の物語と挿絵から想起される中国のイメージと重ね合わせながら物語世界を逍遥《しょうよう》するのが、仮名の仮構の物語の作り方であり、読み方であった。まさに作られた「唐国」にほかならない。それとともに、中国の名所や場に応じて、日本のそれをもって対比する姿勢が一貫している。異国の形象をできるだけ日本に近づけ、身近なものとしようとする発想法である。それは異文化を了解し、取り込むための知のはたらきとしていつの世にも変わらぬ方法であり、異国を日本の物語化する方策にほかならない。

そのような異文化体験に加えて、この物語ではさらに転生のモチーフによって、もう一つの日中往還がかたどられているところが特色となっている。

『松浦宮物語《まつらのみや》』の遣唐使

十三世紀、鎌倉時代の著名な歌人である藤原定家《ていか》は古典学者でもあり、さらには物語の作り手でもあったらしく、『松浦宮物語』は定家作者説が定説となっている。物語の概要は以下の通り。

橘氏忠《たちばなのうじただ》が遣唐副使として中国に派遣され、老翁から教わった商山の楼上で華陽《かよう》公主から琴を習うようすすめられる。氏忠は公主を思慕するが、彼女は水晶の玉を形見に渡し、長谷観音で修法を行うように遺言して亡くなる。王が亡くなり、皇子と王の弟の燕王《えんおう》との位争いになり、燕王が反乱を起こすが、后から援助を頼まれた氏忠が活躍。神の霊験で氏忠とまったく同じ有様の人物が同時に九人姿を現し、敵将宇文会《うぶんかい》を倒す。その後、氏忠は后の美貌にひかれて恋慕しつつ、後に簫《しょう》を吹く謎の女人と契るが、それは后に他ならず、「宇文会は阿修羅であり、先王が玄奘三蔵を天帝に遣わして訴えたので、天帝が忉利天《とうりてん》から私を、また、天童であった氏忠を住吉神に命じて遣わせたのだ」と后が告白する。帰国した氏忠は長谷寺で修法を行い、公主が甦生《そせい》して再会するが、同時に鏡に映った后の面影に動揺する。

終わり方がやや唐突だが、まだ続きがあるが省略される、という朧化法《ろうかほう》によるフィクションである。主人公の氏忠は遣唐副使で、すでに指摘があるように、兵法に通じている点、長谷観音や住吉神がからむ点、楼が出てくる点など吉備真備に仮託された可能性が高い。敵将の宇文会が阿修羅の化身で、后が忉利天から遣わされるなど、天竺神話が駆使され、玄奘三蔵が天帝に派遣される設定なども奇抜である。阿修羅は『うつほ物語』にも出てくるが、役割が対照的である。同じ姿九人が現れる幻術は『俵藤太《たわらのとうた》物語』における平将門《たいらのまさかど》が使う秘術にも似かよう。

> 明けむ年、もろこし船、出だし立てらるべき遣唐副使になしたまふべき宣旨あり。（略）思ひしよりも雨風のわづらひなくして、七日といふにぞ、近くなりぬとて、浦の気色はるかに見え、岩のさまなべてならずおもしろき。その夜、明州《めいしゅう》といふ所に着きて、

遣唐副使としての派遣で順調な航路をたどり、「明州」（現在の寧波《にんぽう》）に着いたという。それなりの航路への知識を背景にしていることが分かる。そして、都に上る道程も、

はるかに遠き山、河、野原を過ぎ行けば、きびしき道、さがしき山を越えつつ行くに、五月の雨晴れず、いとど笠宿りもわづらはしけれど、都に参りぬれば、

のように、抽象的ではあるが、五月雨の道中の苦難が記される。

また、楼に関しては、

昔、聖《ひじり》のたて置きし時より、いさぎよき地として、さらに乱るることなし。日月空に知り、地神下に守りたまふ所なり。

とあるし、合戦の場面では、

和国は兵《つわもの》の国として、小さけれども、神の守り強く、人の心、賢《かしこ》かんなり。

大国中国に対する小国日本の意識が出ており、それゆえ神の守りが強く、人は賢いとの、中世に色濃い神国日本のイデオロギーがみられる。表現の構造が最も『吉備大臣入唐絵巻』の物語に近いものとなっている。

以上、代表的な仮名の物語から駆け足で遣唐使の様相をたどってみたが、異国との往還を主題とするに遣唐使の設定が欠かせず、その結果として遣唐使の記憶をもとに神話化を推し進める結果となっている。

Ⅱ　中世の説話から

ついで、中世の説話から遣唐使像をみていこう。すでに第一章でみた、真備が夢を横取りする話もあったように、特に十三世紀の『宇治拾遺物語』に遣唐使をめぐる話題が目につくので、これを中心にみていきたい。

円仁の纐纈城《こうけちじょう》

まず『宇治拾遺物語』第一七〇「慈覚大師入纐纈城給事」。円仁は最後の遣唐使で派遣された短期留学僧であったが、入国が許可されず、やむなく山東半島で下船して新羅の居留地の赤山に逗留《とうりゅう》、後に五台山から長安に入って密教を学ぶが、武帝即位に伴う仏教弾圧に遭遇、帰国を余儀なくされ、苦難の末に帰還、叡山《えいざん》密教の基礎を確立、慈覚大師と号される。その日記『入唐求法巡礼行記』は九世紀の東アジアの動向をうかがう上での第一級の史料とされるが、同時に傑出した漢文の日記文学、紀行文学ともいえる。

その円仁の法難の話題がやがて独立した説話として語られたのが、纐纈城説話である。これは、法難から逃げる途中、さまよい込んだ纐纈城で、物言えぬ薬を飲まされ、逆さ吊《さかづ》りにされて血を抜かれる危機から脱出、犬の手引きで帰還する話。同じ話が、十二世紀の『今昔物語集』巻一一第一一「慈覚大師亘宋、伝顕密法帰来語」、『打聞集《うちぎきしゅう》』第一八「慈覚大師入唐間事」にもあり、さらには、叡山文庫蔵『叡山略記』「慈覚大師入唐時被追会昌天子事」（十四世紀初、書写）にもみえる。ここでは、『叡山略記』を引いておこう（原文は片仮名小書き体）。

慈覚大師入唐、会昌天子、仏法破滅の時、大師を追奉るの間、纐纈城に逃げ、籠り給う云々。或る御堂の中に逃入て、仏中に交り、一丈許《ばかり》なる不動尊と成て見給うの間、天子聞て追放せられぬ云々。

即ち免行の間、固く築きし家屋云々。纐纈城と云々。丑寅方を向き、南無三宝、助け給う様云々。大犬来り、大師の衣の袖を食曳く、随行□誠□云々。恵正失せて後、仏法を習い、□□一年帰朝云々。

かなり省略されているが、前半はお堂に逃げて仏の脇に隠れると、追っ手には円仁が不動尊に見えて気づかず助かる話で、これも『宇治拾遺物語』の前半などにみえる。後半の纐纈城を脱出する際に、「丑寅方」すなわち東北を向いて拝んだ、とあるのは、京都から見ての東北に比叡山があるからで、まぎれもなく京都からの発想である。犬が助ける部分が語りの焦点であったのだろう。「会昌天子」「恵正」いずれも仏法を弾圧した武帝を指すが、その在世中に円仁は長安を追放されたので、王が亡くなってから仏法を学んだわけではない。

この『叡山略記』は、叡山学僧の抜き書きもしくは書き付けであり、先にみた『野馬台詩』のことも出てくる。天台（比叡山）圏でこの説話が成長、流布した痕跡を示す貴重な資料であり、『打聞集』がやはり叡山学僧の学習ノートや聞書であったこととも共通する。それが『今昔物語集』や『宇治拾遺物語』にもつらなることを示している。

纐纈城の逆さ吊りは異国への潜在的な畏怖がはぐくむ奇譚であり、一九七〇年代以降、一時期はやった都市伝説「消えた花嫁」の、パリや香港のブティックで姿を消した新婚旅行中の花嫁が見つかった時は両手両足を切られていたなど、身体の欠損に表わされる型とも似かようものがある。

虎に喰われた息子

次に『宇治拾遺物語』第一五六「遣唐使子、被食虎事」をみよう。

遣唐使で唐に渡った人物が十歳ほどの子をかわいさのあまりに唐まで連れて行く。雪が降った日に、なかなか戻ってこないので、心配して足跡をたどっていくと、その足跡に沿うように大きな犬のような足跡があり、途中で子どもの足跡は消えてしまい、もう一方は山の方に入っていく。虎に違いないと思って岩屋まで来ると、はたして虎が喰い殺した後だった。すぐさま、太刀で虎の頭を切りつけ、背中を打ち切って殺す。子どもの遺骸を持ち帰ると、皆怖れおののく。

話末で、中国では、虎に会って逃げることさえ難しいのに、虎を殺して子を取り返してきたのは大変なことだと噂し、日本の武勇は並外れていると誉《ほ》めるが、子は死んでしまったから、何の意味もない、と結ばれる。表現でおもしろいのは、虎の頭を切りつけると、「鯉《こい》のかしらを割るやうに割れぬ」という一節である。虎なのに鯉の頭のように割れたという洒落《しゃれ》のようで、鯉の頭を切るのは料理のイメージである。同類話はみられないが、『日本書紀』欽明六年条に、百済に派遣された膳臣巴提便《かしわでのおみはすひ》が子を虎に喰われ、虎退治する話がある。前話の第一五五話も「宗行郎等、射虎事」で新羅での虎退治の話題でつらなりあっている。

魚に乗ってきた息子

そして、『宇治拾遺物語』の遣唐使をめぐる最後は第一七八「魚養事《うおかい》」で、この話が最もよく知られている。

さる遣唐使が唐にいる間に妻をもうけて、子を生ませる。その子がまだ幼い時に、日本に帰ることになり、妻に約束して、「次の遣唐使に言付けて、便りを送るから、この子が乳離れする頃には日本に迎え取るよ」と言って帰国する。妻は遣唐使の来るたびに、便りがあるかと尋ねるが、まったく音沙汰がなかったので、たいそう恨んで、この児を抱いて、日本の方を向いて、児の首に、「遣唐使誰それの子」と書いた札をつけて、「宿世があれば、親子だから巡り会うこともあるだろう」と言って、海に投げ入れて帰る。

その遣唐使がある時、難波の浦のあたりを行くと、沖の方に鳥が浮かんでいるような白い物が見える。近づいて来るのを見ると、童のようだ。不思議に思ってじっと見ていると、四歳ほどで、色白のかわいらしい子どもが波に乗って寄って来る。

馬を近づけて見ると、大きな魚の背中に乗っている。従者に抱きとらせて見ると、首に札がついていて、「遣唐使誰それの子」と書いてある。

「さては、我が子だったのだ。唐での約束をはたさないので、母親が腹を立てて、海に投げ入れたのが、しかるべき縁があって、このように魚に乗って来たのだ」と感激して、たいそう大事に育てた。遣唐使の派遣にあわせて、そのことを書いて送ったので、母親も、今はもう死んだものと思っていたが、それを聞いて喜んだ。

それで、この子は成長すると、魚に助けられたので、名を魚養とつけた。書に優れていて、七大寺の額は彼が書いた、という。

これも直接共通する話は他に知られない。この魚養とは誰か、該当しそうな人物に、忍海原連《おしぬみはらのむらじ》魚養《うおかい》がいることがすでに指摘されている（高木博『万葉の遣唐使船』）。この魚養は『続日本紀』延暦六年（七八七）から十年にかけて名がみえ、典薬頭《てんやくのかみ》になっている。幕末の安政三年（一八五六）、橘行精《ゆききよ》『本朝能書伝』には、この話を引いて、この遣唐使を吉備大臣とし、魚養を能書の初めとしている。説話の人物が真備に焦点化され、凝縮されていくのもうなずける話題で、遣唐使をめぐる異国での恋愛や、生まれた子をめぐる数奇な運命への関心がこの種の説話を支えている。はるか彼方から魚に乗ってやってくる幼子のイメージは日中往還を彩る遣唐使譚の一つの帰結のようにも思われる。

その一方で、魚に乗った子どもの話題は世界中にあることが知られている。歌にもなっている「イルカにのった少年」をはじめ、野村純一「魚の背に乗ってきた男たち」の論に多くの事例が紹介されているように、海洋文化の説話の一つの定型といってよい話題である。また、先の虎の話と比べれば、遣唐使の子どもをめぐる生と死、海と山、魚と虎という対比がきわだつ点、興味深い。

また、なぜ『宇治拾遺物語』にこのような遣唐使をめぐる話題が集中するのか、考えてみると、おそらく異国や異境へのつきぬ思いが遣唐使に託して幻想化されて、このような説話がはぐくまれたのであろう。『宇治拾遺物語』は鎌倉時代の京都中心の貴族的都市的文化を基調とするから、当時の異国や異文化交流への都市人的感覚や感性をよく表わしているであろう。海の向こうから何かがやってくる、という幻想は、時代も地域も越えて人々がいちように懐《いだ》く、存在の根源を呼び覚ますイメージの源郷のようなものであろう。

Ⅲ 「灯台鬼《とうだいき》」の説話から語り物へ

「灯台鬼」説話

十六世紀の中世後期には、説経や古浄瑠璃などの語り物が流行するが、ここでも遣唐使の記憶は生きていた。それが「灯台鬼」の話である。すでに金英順の「東アジア孝子説話にみる異国再会譚――「燈台鬼」と「金遷」説話を中心に」があり、以下これによると、古くは、十二世紀以降、流布する仏教説話の『宝物集《ほうぶつしゅう》』巻一にみえる。

軽の大臣が遣唐使として派遣されるが、声が出なくなる薬を飲まされ、身には絵を描かれ、頭は灯台を打ちつけて火をともして、「灯台鬼」という名で呼ばれる。その噂を聞いた子の弼宰相《ひつのさいしょう》が万里の波を分けて中国まで探しに行って再会し、鬼は涙を流し、手の指を喰い切って血で詩を書く。

吾《われ》は是《こ》れ日本花京の客　汝即ち同姓一宅の人
父と為《な》り子と為り前世の契り　山を隔て海を隔てし恋情の辛《つら》さ
年を経て涙を流す蓬蒿《ほうこう》の宿　日を逐《お》い思を馳す蘭菊《らんぎく》の親
形破れ他州の灯鬼と成れり　争《いか》で旧里に帰りて斯《こ》の身を寄せん

宰相は唐帝に懇願して、日本へ連れて帰る。大和の軽寺《かるでら》は帰朝後に建てた寺院だという。子どもでなければ、異国まで行って連れ帰ることがあろうか、という。

さらに話末では、日本紀以下、諸家の日記にみえず、やや不審で、遣唐使の唐に止まった例は、清河の宰相や阿倍仲麻呂がいる。よくよく定説を尋ねるべきだ、という。

異国まで父を捜しに赴き、連れ戻す親孝行の孝養譚であり、軽寺の縁起にもなっている。同じ鬼でも、仲麻呂の鬼に比べると、より陰惨な感じが強くなり、迫害を受ける理由も明確でなく、中国側の主体も曖昧で、異国への無限定な恐怖感が増しており、望郷への意識も強くなっている。日本にいる子の、親への思いの強さが焦点になっている。

この話題はかなり関心を呼んだようで、説教唱導の資料『金玉要集《きんぎょくようしゅう》』第二「慈父孝養之事」（鎌倉末期）や西教寺蔵『因縁集』にも語られ、読み本系の『平家物語』にも引かれる。基本は『宝物集』に同じだが、長門本巻六「燈台鬼事」と『源平盛衰記《げんぺいじようすいき》』巻一〇「有王渡硫黄嶋」は、鬼界が島に流された俊寛《しゆんかん》を訪ねる有王《ありおう》、延慶本二末・二四「丹波少将福原へ被召下事」は成親《なりちか》・成経《なりつね》の親子になぞらえられる。

西教寺蔵『因縁集』六二では、息子の弼宰相が中国へ渡ってから、父迦留《かる》大臣が囲碁の名人と囲碁の対局をする。息子は父が負けそうなのを察知して、敵の目を盗んで、石を二、三個呑んでしまい、父が勝って帰国を許される。名人はもとより石が誰かの体内にあることを見抜いていたという。これは明らかに真備の囲碁の話題の変容であり、親子の話に応用されたとみることができる。

『金玉要集』では、遣唐使が献上する品々が、

但馬紙、淡路墨、上総鞦、武蔵鐙、能登谷、河内鍋、長門牛、陸奥馬、備後鉄、備中刀、越前綿、美作八丈、石見細布

云々と、物尽くしのように列挙され、対する中国からの贈り物も以下のように挙げられる。

沈旦、麝香、丁子、白檀、紫檀、赤木、蘇号、紫金、加梨勒、檳榔子、豹、虎皮、藤、茶垸、錦、冀精、絹没沙、繧繝、高麗、浮線綾、犀生角、瑠璃ノ壺、呉竹、漢竹、龍脳香これを辞して父親だけを返してもらった、という。物産の物尽くしがテーマともなっているようだ。

長門本は、推古《すいこ》天皇の時代とし、迦留大臣が遣唐使として、「陰陽道をならひ、淵底《えんてい》を尽くし、奥儀を極めて帰朝せんとせし時」、王が陰陽の淵源が日本へ渡るのを惜しんで止め、面の皮をはいで、額に灯蓋を打ちつけた。皇極《こうぎょく》天皇の時に弼宰相が連れ戻したとする。

さらに、文永二年（一二六五）成立の儒教系説話集の内閣文庫蔵『五常内義抄《ごじょうないぎしょう》』下「礼」第九では、「文集云」として、道州の「ヒキ人」を「灯台鬼」として、毎年国の年貢として公に献上していた。それで、生きながら親や子に死に別れることを嘆いたので、楊成《ようぜい》が国守として赴任した際、公へ訴えてこれを廃止した。それで村人は恩義を感じて、子孫に至るまで楊の字を名前に付けていたという。歌にいう、「君来ずば親にも子にも別れ路のうかりし闇に猶《なお》まよはまし」。

灯台鬼自体の説明はないから、すでに灯台鬼の説話が流布し、イメージができていて、こういう話になったのであろう。

古浄瑠璃『灯台鬼』の成立

十六世紀頃、人形を使った語り物の古浄瑠璃が流行する。その物語の一つに『灯台鬼』がある。説話がおもに説教など法会唱導の場で語られて、語り物にまでひろまっていったと思われる。たとえば、大阪大学図書館赤木文庫蔵『灯台鬼』（寛永十年〈一六三三〉刊）をはじめ、天理図書館蔵『灯台鬼』（慶安三年〈一六五〇〉刊）、土井孝雄蔵『法蔵比丘《ほうぞうびく》』「灯台鬼」（近世初期）等々のテキストが知られる。今、金英順論文に拠って梗概を箇条書きで示しておこう。

① 西城国のレンシ、南海国との合戦に大将に選ばれる。

② 妊娠九ヶ月の妻に生まれた子への父の形見として弥陀三尊像の小仏を渡して、父の菩提を弔わせるよう言い残し、南海国へ赴く。

③ レンシは南海国との戦さに負けて生け捕られ、面の皮を剝がれ、物いわぬ薬を飲まされ、額に灯台を打たれた灯台鬼にされる。

④ 妻は子を養育し、子レンホは十三歳の時に父の事を母に尋ね聞いて、父の形見の弥陀三尊像を受け取って父を尋ね南海国へ向かう。

⑤ 南海国への旅の途中、阿弥陀の化身が現れ、南海国の父を助ける方法を教える。

⑥　南海国に着いたレンホは商人となって国王に仏像を売り、その値に父灯台鬼を所望する。
⑦　父レンシは灯台鬼が許され、元の姿に戻り、弥陀三尊仏像を証拠に父子の名乗りをする。
⑧　父子帰国後、故郷の妻と三人再会を喜ぶ。後に父は西城国王に、子は南海国の王となる。

こちらの系統はまた、仏教説話集の『私聚百因縁集《しじゆひやくいんねんしゆう》』や『直談因縁集《じきだんいんねんしゆう》』にもみられ、関係が錯綜《さくそう》するが、灯台鬼のモチーフ自体は共通する。「面の皮を剝ぎ、額に灯台を打たせた燭鬼《しよくき》」となる。ここまでくると、もはや遣唐使の路線からは切り離され、遣唐使のイメージは消えている。

そして、安永十年（一七八一）刊の鳥山石燕《とりやませきえん》『今昔百鬼拾遺』「灯台鬼」にはその図像が載せられる。文章は通常の型によっているが、血で詩を書いたという。

Ⅳ　近世の創作へ・仲麻呂と安倍晴明

物語のあらたな展開

近世、江戸時代になると、遣唐使の物語はさらに屈折度を増して、特有の脚色を濃厚にしていく。中世の説話は、固有名はさておき、遣唐使という符牒《ふちょう》で物語を語っていたのに対して、中世後期から近世では吉備真備や阿倍仲麻呂という固有名が基本になっていく。傾向としては、真備よりも仲麻呂の方に比重が移っていく面がある。同じアベ姓ということから安倍晴明《あべのせいめい》と結びつけられていくのである。中世後期の『簠簋内伝金烏玉兎集《ほきないでんきんうぎょくとしゅう》』をはじめ、近世初期の仮名草子『安倍晴明物語』、中期の『安部仲麿入唐記』、あるいは草双紙の類である。以下、順を追って概略をみておこう。

『簠簋内伝金烏玉兎集』

中世室町期、十五世紀頃に制作されたとされる『簠簋内伝金烏玉兎集』は安倍晴明伝説の一つの極点を示しており、以後の近世期はその変奏、変相の展開史といえる。当書では一貫して安倍晴明の一人称で語られ、まさに晴明の体験談の自己言及のスタイルで進行する。

安元年中に、宮中の陰陽師となって博士に至り、薩摩《さつま》より中国に渡り、雍州荊山《ようしゅうけいざん》の伯道上人に付き従って修行し、やがて伯道が文殊から相伝したという『文殊の裏書陰陽の内伝集』なるものを伝授。明州から日本に戻り、この書を石箱に収め秘する。しかし、妻の利花が弟子の道満と密通して裏切り、この書を密かに取り出し、写して道満に渡し、それをもとに道満に

『金烏玉兎集』を相伝したのは自分であると強弁され、清明は首を斬られる。異変を知った師の伯道は急遽《きゆうきよ》日本に渡り、清明の遺骸を探し出し、骨を集めて生活続命の法を修して甦生させ、さらに宿敵の道満と対決、復讐《ふくしゆう》を遂げる、というもの。

文字通り、奇想天外、息をもつかせぬ展開で、読者や聞き手をひきつけるが、女人に心許すなとの教訓で結ばれる。この作がもとになって、近世にさらに増幅されていくのである

仮名草子『安倍晴明物語』

まずは寛文二年(一六六二)刊『安倍晴明物語』からみていこう。近世期物語の祖型になるので、あらすじを述べておく。

中国の伯道上人が五台山で共命鳥《ぐみようちよう》に導かれ、文殊から通力を授かり、暦典・易典・加持典百六十巻を記し、それらが後に漢武帝に伝わり、東方朔《とうほうさく》に伝授される。

阿部仲麻呂の死後、吉備公が入唐。難題は囲碁、『文選』、『野馬台詩』の順で、鬼の仲麻呂が吉備を背負う。前夜に長谷観音の化身の老僧が夢に現れ、蜘蛛となって『野馬台詩』の解読を示すことを予告する。法道仙人と長谷寺の縁起語りが続き、翌日、はたして見事に解読でき、天子が賛嘆し、三年留め置いて真備は儒学・易学・天文地理を習得し、帰朝の際に、天子から

七種の宝、すなわち七廟《びょう》の祭具、暦書簠簋、易書内伝、考野馬台の詩、囲碁、火鼠《ひねずみ》の裘《かわごろも》、金磬《きんけい》を贈る。

日本の天皇にも、別に史漢、文選、大般若経、仏舎利等を贈る。真備のために、禁中に一千余人の僧を請じて、生活続命の法を行い、一万部の法華経を転読させたという。

『野馬台詩』の解説に関しては、最初の「東海姫氏国」から「衡主建元功」あたりまで引用し、呉《ご》の泰伯《たいはく》の渡来説、聖徳太子などにふれる。そして、漸々末の世に移り、王道は薄らぎ、道廃れて兵乱起こり、国を争い、位を奪い、無徳にして、国柄劣り、無道にして、人を損ない、武威盛んにして、文道埋もれ、最後の句「茫々遂為空」とは、上下の礼が乱れ、天の理にそむけば、何の甲斐もないので空となるのに同じだと解釈される。

帰国した吉備公は、阿倍仲麻呂の子孫を捜し、『簠簋内伝』を託す。和泉《いずみ》国篠田の里近く安倍野に、安倍安名《やすな》という百姓の一人子に安部の童子（後の安倍晴明）がいた。住吉詣での際、蛇を助けた礼に、龍宮で歓待され、龍王から秘符を授かり、目と耳に青丸を入れられて通力を得る。天皇の病を治し、陰陽頭、易暦博士、縫殿頭に出世、安倍晴明を名乗る。

晴明は入唐し、伯道仙人に会い、仲麻呂の再誕と言われ、三年後に帰朝するが、その間に弟子の道満法師が晴明の妻梨花と密通し、伯道から受け継いだ『金烏玉兎集』と吉備公から譲られた『簠簋内伝』を盗み見て書写する。酒に酔った晴明が賭けをして、道満に首を斬られる。異変を察知した伯道が日本へ来て、一条戻り橋で晴明の最期を知り、遺骸を掘り出して一所に集め、生活続命の法によって甦生させる。

伯道が道満と対峙し、晴明の存命をめぐって賭けをし、晴明が登場、道満と梨花の首を切り落とす。伯道は帰国し、晴明は宮中に復帰した、という。

ここで、あらためて吉備真備の『野馬台詩』解読譚をはじめ、阿倍仲麻呂とのかかわりなど、より物語が巧妙に織りなされていく綾がよくうかがえる。後半は、道満との対決が中心となり、中国の伯道までかかわってくる。晴明と仲麻呂はまだ直接の接点がなく、父安倍安名の名をはじめ、芦屋道満との対決等々、説経の『信田妻』などの影響がまだ残っている。密通や首を斬られても再生するとか、かなりオカルト的な感じが強い。『簠簋内伝』と『金烏玉兎集』は本来同一書であるはずだが、別扱いの秘伝書とされ、重要な意味をもって出てくる。

『安部仲麿入唐記』

ついで宝暦七年(一七五七)刊、寛政二年(一七九〇)刊などの『安部仲麿入唐記』がある。勧化《かんげ》本ジャンルの一作とされる。

中国の白道仙人が文殊から学んだ『金鳥玉兎集』を日本に伝えるため、安部仲麿が遣唐使として派遣されるが、唐の玄宗に使える安禄山がそれを恐れて、高さ三十丈の楼閣に仲麿を幽閉する。一方、仲麿の兄善根《よしね》（好根）は仲麿の妻に横恋慕し、財産を奪い取り、仲麿の妻は自害し、息子の満月丸は失踪する。

ついで、吉備真備が遣唐使に任じられ、密かに現れた満月丸はそれまでの経緯を語り、涙にくれる。渡唐した真備の前に仲麿の霊魂（赤鬼）が現れ、中国側から囲碁の勝負をさせられ、負けると殺されると事情を説明。仲麿の霊が真備を背負って、敵の名人雍州の玄東の元へ潜入する。玄東の妻隆昌女は夫以上に優れた才覚の持ち主で、夫に種々の助言をする。以下、囲碁についての長い解説が続く。

いよいよ囲碁の勝負となって、影のごとく寄り添う仲麿の指示通り打って、一目優勢に立つ。それを知った玄東の妻隆昌女は、隙をついて真備の石を自らそっと盗んで呑んでしまう。はたして勝負は引き分けになるが、石が一つ足りないことが問題になり、活陀《かだ》（華陀）が伝えた、病を照らす鏡を宝蔵から取り出して、周囲の者も含めて一人ずつ体内を点検する。最後に隆昌女の番になるが、事情を察知した真備が体内の黒石は子種を宿したものだと弁明、安禄山と渡り合い、ついに引き分けとなって事なきを得る。

さて、翌日は『野馬台詩』を読まされることになり、仲麿の霊もお手上げ、真備は観音を念ずると、感応した観音の化身の老翁が現れ、蜘蛛の金糸となって読むことを告げる。翌日、まず史記・漢書・文選を読まされ、ことごとく解読し、ついに『野馬台詩』が出され、はたして観音の霊験で蜘蛛の糸を伝って解読できる。

ついに史記・漢書・文選や囲碁はもとより、目的の『金烏玉兎集』も譲られ、帰国の途に就くが、安禄山や楊国忠《ようこくちゆう》らが真備を殺そうと図る。そこへ隆昌女が駆けつけ、夫の敵である真備に復讐したいと申し出る。翌日、風渡の津に軍勢を引き連れて来た隆昌女は、真備の護衛のため謀《たばか》って来たことを明かし、真備を船に乗せるや、日本への餞《はなむけ》とばかり自ら喉を突き刺して自害し、玉となって虚空へ飛び上がり、仲麿の魂魄《こんぱく》と共に、真備を守護して日本へ渡ったという。

真備は仏経儒書、珍器はもとより真名仮名文字、囲碁双六などを伝えた。『簠簋書』を満月丸に伝えようとしたが、行方知れず、真備が賀茂《かも》姓を賜り、子孫の賀茂保教《やすのり》の代に安部野保名に伝えた。保名が泉州信田森で白狐と契り、生まれたのが安倍晴明で、晴明は仲麿の生まれ変わりだとされる。詳しくは、「泉州信田の白狐伝」の如《ごと》し、という。

ここでの焦点は、もはや『野馬台詩』よりも『金烏玉兎集』の方に移っており、兄の仲麿の妻への横恋慕から始まり、子どもの満月丸が真備とともに渡海する展開で、中世までには及びもつかない物語仕立てになっている。満月丸は帰国後も行方知れずで、今一つ機能していない。とりわけ精彩を放っているのは、囲碁の名人玄東の妻隆昌女である。囲碁の対局場面で、敵の石を呑むのが真備ではなく、この隆昌女である。しかも真備が彼女のしわざであることを見抜いてかばい立てをし、ために隆昌女は帰国の際に安禄山らの謀略から真備を救出し、我が身を犠牲にするという設定になっている。

中国への対抗意識は、真備の囲碁対局の場面にもみられる。先手の唐側が碁盤の真中に石を置いたことに対し、真備が碁盤は世界一体で差別がないので、中央の玄宗の石の上に重ねて日本の元正《げんしょう》天皇の石を置いたと述べ、唐の玄宗を驚かせたという。碁盤の世界を通して、中国に対等であろうとする思いが示されている。

黒本、青本、黄表紙類

ついで近世後期の黒本、青本、黄表紙などの草双紙類をみてみよう。これに関しては山下琢己の詳細な報告と研究があるので、これに拠り、概観しておこう（「仲麿・吉備入唐説話を扱う黒本・青本・黄表紙五種」）。

まず、①青本の『吉備大臣』では、

仲麿は中国で虎に殺されそうになるが、虎を手なずけ、戦さになって逃げる途中、敵の矢に当たって海辺で落命する。仲麿の子月満丸は吉備大臣の小姓となり、中国へ渡り、吉備大臣が『野馬台詩』を解読した隙を狙って月満丸は親の敵を刺し殺し、復讐を遂げる。

ついで、②黒本『きび大しん』では、

仲麿が吉備大臣を背負って『文選』を聞かせ、さらに玄宗の后「ふしやうぶにん」に真備を逢《あ》わせ、后と真備は偕老同穴《かいろうどうけつ》の語らいをなす。

また、③黄表紙『倭文字《やまともじ》養老の滝』では、

大たけの皇子が謀叛《むほん》を起こし、仲麿の妻三笠の前に兄好根が横恋慕し、三笠は自害、好根は出家、仲麿を探しに唐へ。吉備大臣は、養老の滝伝説の小佐治が無実であることを観音の夢告で知り、奏聞する。

さらに、④黄表紙『唐文章三笠の月』では、

渡唐の吉備大臣の船に、仲麿の兄好根と仲麿の息子名月丸が乗船、途中の筑羅《ちくら》が沖に停泊中、筑紫に配流され謀叛を企てる大武皇子の一味である峰の弥太郎が忍び込み、好根を殺して安部の系図を奪う。渡唐後、峰の弥太郎は安部系図をもとに仲麿になりすまし、顔が変わったのは

灯台鬼の責めに遭ったからと偽り、大武皇子を位につける旨の玄宗の偽宣旨を真備に伝えるが、結局失敗し、追放される。名月丸は「りせいじょ」に見初められ、敵討ちの助太刀を受ける。仲麿の霊鬼が吉備大臣の前に現れ、囲碁や『野馬台詩』の難題を解決（このあたりは、『安部仲麿入唐記』に同じ）。名月丸は、親の仇《かたき》「もふはつ、ちんぶんせき」の二人を討つ。帰朝した吉備大臣は大武皇子を倒し、名月丸は伯父好根の仇を討ち、「りせいじょ」と結ばれる。その子孫安倍晴明は、賀茂保憲《やすのり》から『金烏玉兎集』を譲り受けた、という。

近世の物語趣向

以上あらあらストーリー展開のみたどってみたが、前代までの物語を利用しつつ、横恋慕や一族の崩壊と敵討ち、謀叛、なりすまし、后との恋愛など、あらたな趣向が次々と盛り込まれていく。真備が唐后と契りを交わすなど、前代までは想像しにくい形で、より奇想天外の度合いが高まっている（むしろ平安期の仮名物語に類するか）。出版文化の隆盛により、読者が拡大するにつれ、それまでの物語が周知のものとなり、ありきたりの展開には飽き足らない読者の期待の地平に答える形で趣向が凝らされていく。それに応じて国際情勢にもとづく現実感は薄れ、より幻想化された異国観のもとで、近世好みの物語定型の枠にはめこまれていくのであろう。

吉備大臣図。背中に(吉)の字がある人物が吉備真備。王の前で『野馬台詩』を解読（『吉備大臣』東北大学附属図書館狩野文庫所蔵）

さらにこれらのストーリーをより分かりやすく提示するための挿絵がつき、真備の背に(吉)がつくごとく人物が分かるように、着物に人物名の記号がつけられる。挿絵の効用を見のがせないであろう。

これが勧化本や草双紙の世界であり、同時に吉備真備の『野馬台詩』解読譚が一貫して語り継がれていることにあらためて驚かされる。それだけ劇的であり、近世後期以降は歌舞伎にもなっていくが、もはや日本の終末を予言する未来記の意味合いは薄れており、長谷観音や仲麻呂の霊験での蜘蛛の糸を伝って解読するゲーム感覚が読者を引きつけている。

伝来の鍵になる書物はもはや『野馬台詩』ではなく、陰陽書の『金烏玉兎集』で、正式名は『簠簋内伝金烏玉兎集』である。この本は十六世紀の室町末期とされる『簠簋袖裡伝《ほきしゆうりでん》』や『簠簋抄』などの注釈書も書かれ、それがまたあらたな説話を生み出してもいる。

『簠簋袖裡伝』「懐中伝暦」では、真備は長谷観音ではなく春日明神の霊験によって『野馬台詩』を解読、見事解読できたら、以後は朝貢を中止したいと申し出て実現したという。難題の解決と外交交渉が組み合わせられている。この真備による朝貢廃止は、室町末期勘合貿易が中国の海禁政策によって天文十六年（一五四七）の遣明使節を最後に廃止された外交問題をもとにしているとの説もあり、『簠簋袖裡伝』にのみ見られる。

以後、文政二年（一八一九）の読本『阿倍仲麻呂生死流転絵本輪廻《りんね》物語』、明治三十年（一八九七）の『連夜説教　阿部保名』等々につらなっていく。読本は、仮名草子の『安倍晴明物語』と勧化本『安部仲麿入唐記』とをより混ぜ合わせ、折衷した内容となり、創作が行き着くところまで行き着いた飽和状態を思わせる。

歌舞伎、浄瑠璃など演劇、芸能面への展開もまたあらたな課題となるであろうが、もはやここでの追究の範囲を越えている。

おわりに

第一章でみた、伝説化された真備像のより増幅された姿を近世の文芸にみることができる。陰陽道はもとより、兵法軍学をはじめ、囲碁などの始祖でもあり、片仮名の発明者とまでされる。近代になって明治三十五年（一九〇二）、歴史学者重野安繹《しげのやすつぐ》の編『右大臣吉備公伝纂釈《うだいじんきびこうでんさんしゃく》』が岡山県箭田《やた》村の吉備公保廟《ほびょうかい》会事務所から刊行される。真備は地元に廟が造られ、顕彰、奉賛の対象となるのである。『右大臣吉備公伝纂釈』は、首巻、上下巻の三巻からなり、近代の文献考証の先駆的な伝記研究となるもので、吉備真備の年譜が詳細に考証され、多くの史資料が援用される。明治期真備伝の白眉といえる。吉備寺をはじめ真備の墓地の考証にまで及び、地元の顕彰の意味合いが強い。また、片仮名の発明者としての位置づけなど、真備伝承を継承している面もある。本の装幀《そうてい》が、活字本でありながら袋綴《と》じの和装であることに象徴されるであろう。

あの『宇治拾遺物語』で、国司の息子の夢を横取りした若き郡司の息子であった真備は、まさに故郷に錦を飾ったというべきであろうか。

現在、真備の故郷とされる地に、それぞれ二つの公園が整備される。一つは倉敷市真備町箭田のまきび公園、もう一つは小田郡矢掛町東三成の吉備真備公園である。双方は井原線の電車で二駅という至近距離にある。前者は昭和六十一年（一九八六）、中国西安市の環状公園に真備の記念碑と日本庭園ができたことに応じて建設されたもので、重野本にみる考証が前提となっており、一族の菩提寺という吉備寺や墳墓、吉備公館址、産湯の井戸（星の井）まである。一方、後者は昭和四十八年（一九七三）に町の重要文化財に指定された吉備公館址（下道氏館址）をはじめ、銅像、絵巻石屛風、囲碁発祥之地記念碑などがあり、やはり産湯の「星の井」もある。

終章　東アジアの回路へ

終章は、前半は日本ばかりでなく、朝鮮半島の例との比較を試み、新羅の崔致遠の物語と吉備真備とを対比してみる。後半は『吉備大臣入唐絵巻』と対比しうる異文化交流の絵巻と目すべき鑑真の『東征伝絵巻《とうせいでん》』や玄奘の『玄奘三蔵絵』、義湘《ぎしょう》や元暁《がんぎょう》の『華厳宗祖師絵伝』等々、異国や異域との文化交流をテーマとする絵巻ともあわせて見た。

Ⅰ　新羅の崔致遠

新羅の遣唐使

遣唐使の歴史文化をめぐって、その後の文芸もまじえて検討してきたが、終章では、東アジアの国際関係史上、対中国への優越感と劣等感がないまぜにされた国家認識のあり方ともあわせて、吉備真備の物語に類似する朝鮮半島の文学、具体的には新羅の文人で唐の科挙にも受かった崔致遠の物語『崔致遠伝』を視野に入れながらみていきたい。

遣唐使というと、日本の専売特許のように見なされがちだが、もとより遣唐使は中国を取り巻く周辺の国々にも及んでいた。とりわけ朝鮮半島は地政学的にみて、はるかに唐との関係が深かった。高句麗《こうくり》、百済、新羅の三国が覇権を競い合った三国時代から、唐と連合して百済、高句麗を滅ぼした新羅が七世紀後半に半島を統一して、より唐との関係が強化され、また深刻な対立をももたらすことになる。新羅の遣唐使派遣は日本の比ではないほど、頻繁で毎年のように行われ、かなり関係が密だったことがうかがえるが、意外にその様相が明確ではない。宮中警護の「宿衛」や科挙に合格した「賓貢進士」などがその代表とされる。権悳永『古代韓中外交史』をはじめ、研究もいろいろあるが、今までの日本の遣唐使研究は日本だけに特化しがちな傾向にあった。

崔致遠の生涯

ここでは、著名な新羅の崔致遠を例にしよう。彼は中国の科挙に受かり、当初中国の役人になるが、後に新羅に戻った文人で、後代に伝説化される。八五七年の生まれ、十二歳で、商船で唐に留学。真備と仲麻呂の入唐から百五十年も後になる。八七四年に科挙に及第。黄巣《こうそう》の乱が起こると、高駢《こうべん》の黄巣討伐軍に参加し、優れた檄文《げきぶん》や上奏文を書いて文名をあげた。八八四年、国信使として新羅に帰国。「侍読兼翰林学士・守兵部侍郎・知瑞書監事」に任ぜられたが、理想を果たすことができず、都を出て太山郡（忠清南道扶余郡鴻山面）や富城郡（忠清南道瑞山市瑞山邑）の太守となる。新羅末期の乱世に不遇を嘆いて官を辞し、山林や海浜を流浪し、高台を作ったり植林をしながら気の向くままに書籍を読み、詩を詠んだ。晩年は一切経で名高い海印寺（慶尚南道陜川郡伽倻面）に隠棲《いんせい》したとされ、没年は未詳である。詩文集に『桂苑筆耕集《けいえんひっこうしゅう》』他、著述がたくさんある。

高麗時代、十一世紀末の成立とされる『新羅殊異伝《しゅいでん》』（散逸、逸文のみ）の第一三「崔致遠」伝では（第一二「仙女紅袋」はその抜粋）、崔致遠は十二歳の若さで唐に渡って科挙に合格、溧水県尉（現在の南京あたり）となり、県にある双女墳という塚を訪れて霊魂を慰める詩を詠《うた》ったところ、墓から二人の姉妹の霊が現れ、一夜月を詠じて交歓する。その後、新羅に帰国、官職を退いて山林江海を遊歴し、最後は伽倻山の海印寺に隠棲した、という。

この話は、姉妹の亡魂を仙女に見立てた伝奇譚で、六朝志怪小説や唐代伝奇などの影響が濃厚にうかがえる。『新羅殊異伝』が散逸したためか、後世の崔致遠伝には継承されていない。

朝鮮王朝中期の十六世紀頃、出生から仙去までの生涯を語ったあらたな趣向の伝記物語が述作された。作者未詳。高尚顔という文人が、宣祖十三年（一五七九）、忠清道保寧郡守の金滉に『崔文昌伝』という崔致遠の物語を紹介されて読んだ記録が知られるから、その頃には成立し、流布していたことがうかがえる。後述の和訳の対馬本『新羅崔郎物語』には、崔致遠が姿を消した後日談に「正徳年中」（一五〇六〜一五二一）の年号がみえる。

右の『崔文昌伝』は、崔致遠の号である「文昌」を表題に付けたもので、他に『崔孤雲伝』『崔文献伝』『崔忠伝』などの書名があり、漢文本とハングル本双方の伝本が多数伝存する（韓国中央図書館本、嶺南大本、東国大本等々）。中央図書館本が基準となっているようで、朴熙秉校釈『韓国漢文小説校合句解』（ソミョン出版、二〇〇五年）所収の活字本、『筆写本　古典小説全集』第二巻（亜細亜文化社、一九八〇年）の影印本がある。

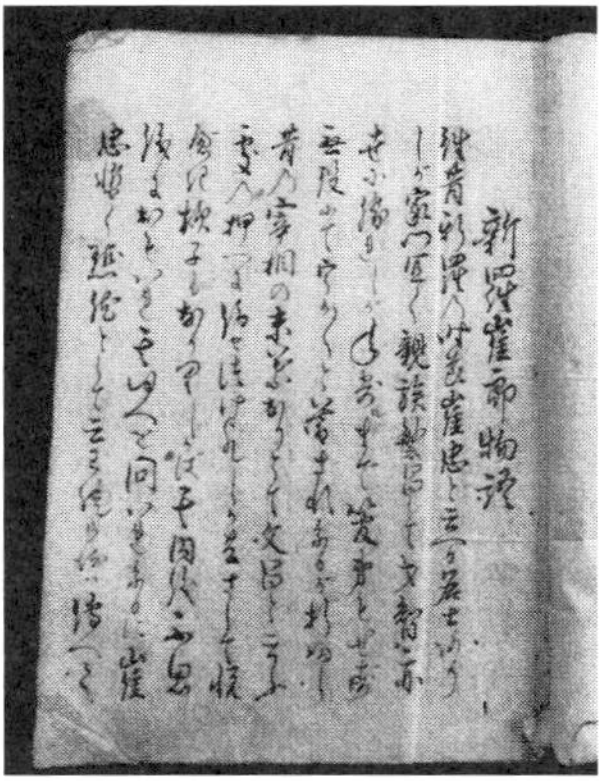
『新羅崔郎物語』（対馬市教育委員会所蔵）

日本ではハングル本に漢字を当てたものや、朝鮮通詞で著名な雨森芳洲《あめのもりほうしゅう》もこれを抜き書きしていることが指摘される。十八世紀に対馬の朝鮮語通詞・渡嶋親保が翻訳した『新羅崔郎物語』がある（対馬市教育委員会蔵の写本）。

中川延良の対馬の地誌『楽郊紀聞』一二には、

渡嶋次郎三郎殿、草双紙を好て読れけり。後に朝鮮国の崔忠伝といへる小説を訳して、新羅崔郎物語と名を付て、一冊あり。今、渡嶋が家には失ひし由なり。（東洋文庫・平凡社）

とある。渡嶋次郎三郎（親保）が「草双紙」を好んで、朝鮮の『崔忠伝』という「小説」を訳して、『新羅崔郎物語』を書いたという。朝鮮本の書名が『崔忠伝』になっており、この書名のハングル本が伝存するから、おそらく同じハングル本であったろう。すでに「小説」（唐代小説などの本来の意味）と規定されていることにも着目される。ハングル本の和訳本であり、これが現存する『新羅崔郎物語』とみてよいであろう。

物語の世界

物語の概要は、新羅時代、役人の崔忠が地方に赴任、妻が金猪にさらわれ、崔致遠を出産、妻の密通を疑った父に捨てられるが、子は異能ぶりを発揮、仙女らに育てられ、読書の声が中国の皇帝の耳に達し、早速文士を新羅に派遣、崔致遠と詩作を競い、完敗して中国に戻る。皇帝は、石の箱に卵を包んで入れ、中味を当てて詩を作れという難題を新羅に課す。

崔致遠は宰相の娘と一緒になることを条件に難題を解決、皇帝は中国に来るよう命じ、崔致遠は島渡りをしながら途中で龍王の子李牧とも交流、皇帝は関門ごとに難題を仕掛けるが、崔致遠は仙女の援助でことごとく難をのがれ、最後は毒殺されそうになったり、無人島に流されるが克服、ついに皇帝から爵位を授けられるが、後に新羅に戻り、親族に家財を残して行方知れずになり、伽倻山に入って姿を消した、という。

出生の奇異をはじめ、自ら罪を犯して仙界から地上に追放されたと語るように、仙界との交流を背景に、文才に秀でてさまざまな試練を乗り越え、中国からの難題を解決、中国皇帝と対等に渡り合い、大活躍して最後は新羅に戻って姿を消す、というもの。

難題の物語

崔致遠と中国皇帝との対立は、皇帝が次々と突きつける難題を中心に展開される。崔致遠が解決した最初の難題は新羅を危機から救い、中国に渡る契機となる。新羅に派遣された中国の文士たちが崔致遠との詩の競作に完敗し、腹を立てた皇帝が新羅を攻めようと企み、卵を綿に包んで入れた石函を新羅に送って中味を当てなければ新羅を攻めると脅す。新羅の宰相の婿となった崔致遠は、宰相に代わって、石函の中に卵から孵化《ふか》した雛鳥《ひなどり》が鳴いているという詩を作って石函とともに中国に送り返す。卵が孵化したことまで言い当てられ、驚いた皇帝は新羅への対応を学士たちに相談、小国新羅にも優れた才能の人がいれば、大国中国を無視するようになるから、石函の中味を当てた新羅人を中国に呼ぶべきだとする。辺境の小国新羅人の才能が大国に優《まさ》ることに不安をいだく中国側の様子を描き、対中国の新羅優越を示している。

これは、吉備真備の才能を恐れた中国側が真備を楼閣に幽閉し、難題を突きつける話と同じである。新羅や日本が大国中国に対する小国であっても、傑出した学才の人物がいて大国に一矢報いる物語が現実の劣等感克服のために、いかに必要とされていたかがよく分かるであろう。

中国に渡った崔致遠は、皇帝が内裏の九つの関門ごとに仕掛けた難題を天女の助力で解決し、最後には皇帝が差し出した食べ物に毒が入っていることまで見事に当てて、皇帝を感服させる。ここの難題克服も、真備が鬼の仲麻呂や日本の仏神に助けられて難題を解決したのと同じく、天女という超人的な存在がかかわっている。その後、崔致遠は科挙に合格し、黄巣の乱の折り、「討黄巣檄文」を書いて敵を降伏させ、皇帝から恩賞を賜ったとする。しかし、崔致遠の活躍を妬む中国の大臣たちは、皇帝に讒言し、怒った皇帝はその讒言の真偽を確かめることなく、崔致遠を南海の無人島に幽閉して餓死させようとする。この迫害によって崔致遠は皇帝の横暴を恨み、真っ向から皇帝を非難し、ついに皇帝が謝罪するに至る。

崔致遠を無人島に送って餓死させようとした記述は、阿倍仲麻呂が高楼に幽閉されて餓死し、鬼になるモチーフと類似している。

ところが、崔致遠は無人島で天女に助けられ、三ヶ月間を醤油《しょうゆ》漬けの綿で命をつなぎ、朝貢のために無人島を経由して中国に渡るベトナムの使節に生存が確認される。驚いた皇帝は崔致遠を呼び戻すために使者を派遣するが、崔致遠は皇帝の命を拒み、大声で使者を怒鳴って追い返す。怒った皇帝は再び使いを送って崔致遠を腕ずくで連れ戻し、崔致遠をなじる。

皇帝は、天下のすべては王土、王臣であるという『詩経』「小雅」の有名な句を挙げ、中国と新羅との主従関係を強調し、主君である皇帝の命を拒んだ崔致遠を強く叱りつける。しかし、崔致遠は空に一の字を書いて飛び乗る術を見せ、虚空まで皇帝の王土ではないと反駁《はんばく》し、服従を強いる皇帝を謝罪させる。皇帝の権力に屈することなく、真っ向から抵抗する崔致遠の姿に、中国との不平等な関係を正して、対等にならなければならないという民族精神を韓国の研究は読み取る。

『太平広記』との関連

以下、金英順「東アジアの入唐説話にみる対中国意識――吉備真備・阿倍仲麻呂と崔致遠を中心に」によれば、崔致遠が皇帝に道術を見せて対抗する記述は、中国宋代の説話類書『太平広記』の巻一〇・神仙一〇「河上公」に類似することが指摘される。河上公という人物が上京を命じる漢文帝の命令を拒み、皇帝に責められたため、空中に浮かび上がる道術を使って遂に文帝を謝罪させたという説話で、崔致遠の話はこの『太平広記』に拠るとされる。

また、『太平広記』巻五三・神仙五三「金可記」には、金可記が崔致遠と同じく新羅出身で科挙に合格、文才に秀でていたが、皇帝と対立し、終南山に隠居して仙去したという。崔致遠の中国での活躍や皇帝との対立、隠遁《いんとん》などのモチーフがきわめて似かよっている。

冒頭の崔致遠の母が金猪にさらわれる話も、『太平広記』巻四四四・畜獣一一「欧陽紇」の白猿退治譚に拠っていることが指摘される。『太平広記』は、高麗時代の十二世紀、すでに多くの知識人に読まれ、朝鮮時代の一四六二年、『太平広記詳節』という注釈書がまとめられている。また、十六世紀中頃にはハングル本の『太平広記諺解《げんかい》』が刊行され、広く流布している。『崔孤雲伝』が『太平広記』をもとにすることは間違いないであろう。

崔致遠がその優れた学才をいかんなく発揮して中国皇帝の鼻をあかす物語が、中国の類書をもとに構想される反転が興味深い。

物語の背景

崔致遠は、服従を強いる皇帝に正面から対抗して道術によって屈服させ、その言動を強く非難し、最後は新羅に帰る。中国側からみれば、皇帝を支え、諫める賢臣や崔致遠をしのぐ有為の人材がいないことを表わす。

崔致遠が入唐した九世紀後半も唐末の乱世であったが、『崔孤雲伝』が成立した十六世紀の明朝も政治的に混乱が続いた。十六世紀初の正徳帝の時は（対馬本「正徳年中」とあり）宦官《かんがん》政治によって反乱が起こり、その後の嘉靖《かせいてい》帝の時代は先代王の礼遇問題をめぐって廷臣たちが対立して党争を起こし、大学士の奸臣《かんしん》たちが政権を握っていた。政情不安定な状況を前に、讒臣《ざんしん》たちに振り回される無能な皇帝への弾劾が、この物語には込められているとされる。

韓国では、仙界を背景とする謫降《たくこう》小説、英雄小説として、朝鮮中期の民族意識の反映や中国との関係で主体性を失っていた支配層に対する批判等々から研究されている。群臣のクーデターによる王位交替、権臣たちの権力争いや士林派の弾圧など混沌《こんとん》とした国内情勢の上に、中国とは「宗系弁誣《そうけいべんぶ》」の改訂をめぐる外交問題を抱えていたため、この伝記には現実の社会に対する批判が強く表われている、という。

事大主義の外交を強く否定し、大国と小国とがそれぞれの道義に適《かな》った対等な関係を理想とし、圧力で新羅に事大関係を強いる中国は大国としてあるべき姿ではないと批判する。しかし、大国追随の外交を強いる皇帝に対する新羅王の対応についてはふれず、崔致遠という超越者の才芸にすべては収斂《しゅうれん》している。

中国の皇帝が新羅に送った難題を崔致遠が解決して中国に渡り、天女たちに助けられながらさまざまな試練を乗り越え、中国皇帝と対等に渡りあい、最後は新羅に戻って姿を消したという設定は、前に述べたように、遣唐使として中国に来た吉備真備の才能を恐れた中国の皇帝が真備を楼閣に幽閉し、難題を突きつける話と対比できる。

小国の新羅・日本対大国の中国という構図で、小国の傑出した学才の人物が大国に一矢報いる物語として共通する。現実の劣等感克服のために必要とされた認識で、日本でも十二世紀以降、この種の物語形象が著しくなる。

崔致遠と吉備真備

九世紀に廃止された遣唐使は後世、東アジアの国際関係、外交の上で、伝説化、神話化される。その中心が吉備真備と阿倍仲麻呂。彼らの物語が中世、近世にさらに肥大化していく。

日本の真備と仲麻呂の入唐説話は、時代ごとに対中国意識が変わり、中国側の主体もそれぞれ異なる。対中国との大国・小国意識や劣等・優越の複雑にないまぜにされたイデオロギーをもとにする超能力者の伝記物語で、背後に中国との緊張関係があった。

以上のように、崔致遠と吉備真備の物語は成立年代も時代背景も異にしながら、かなり共通していることがうかがえる。崔致遠が罪を犯して天界から下ろされたモチーフは、日本の『竹取物語』のかぐや姫にも重なるし、幽閉や難題克服は遣唐使吉備真備の話題を連想させてあまりある。崔致遠が天女の援助を受けるように、吉備真備も鬼の仲麻呂の援助を受けて、国王からの難題を解決していた。

韓国・崔致遠杖立ての椋（著者撮影）

真備が八世紀の奈良時代の人物で、物語は十二世紀に下るのに対して、崔致遠は九世紀、新羅時代の人物で、物語化は十六世紀の朝鮮王朝期にまで下る。時代差を越えて、対中国の優越・劣等を意識せざるをえない物語が作り続けられたことが重要な意味をもつ。

二〇一七年夏、韓国南部の智異山《ちりさん》麓の古刹巡りの折り、慶尚南道河東郡の凡旺里で、崔致遠の杖立《つえ》て伝説のある椋《むく》の巨樹に遭遇した。崔致遠がそばの小川で汚れた耳を洗い（洗耳岩）、杖を地に突き刺して山に入り、この杖が生きていれば自分も生きているのだという言を残し、鶴に乗って世を去ったという。汚れた耳を洗う許由《きよゆう》の著名な中国故事と杖立て伝説をまじえた神仙譚で、椋の巨木の葉陰で崔致遠が今もじっとこちらを覗《のぞ》いているような錯覚にとらわれた。

これに加えて、崔致遠の上司として檄文を書かせた中国の高駢もまた、ベトナムを制圧する伝説的人物で、当初はベトナムで英雄視されるが、後に侵略者として敵視されるようになる。両面性を持っているが、これもまた異文化での活躍を示す人物伝として注目されるであろう。

Ⅱ　異文化交流の絵巻

異文化と絵巻

吉備真備の外交神話の象徴ともいえるのが『吉備大臣入唐絵巻』であったが、これに限らず十二世紀以降、絵巻の世界に遣唐使をはじめ異文化交流や海外の様子を描くものが増えてくる。たとえば、十三世紀前半の、新羅の元暁と義湘の伝記を描いた『華厳宗祖師絵伝』、十三世紀後半の、苦難の末に日本に渡ってきた鑑真の伝記『東征伝絵巻』、十四世紀初めの、唐から天竺まで赴き膨大な経典を持ち帰って翻訳した玄奘三蔵の伝記『玄奘三蔵絵』等々である。あるいは、遣唐使の一員として唐に渡り、日本に密教を伝えた空海の伝記『弘法大師絵伝』もまた、長安での空海の活躍が描かれる。いずれも傑出した僧聖の伝記が中心であり、仏教の各宗派の祖師に当たる人物群である。

『華厳宗祖師絵伝』は新羅と唐、『玄奘三蔵絵』は唐と西域・天竺、それぞれ往還の物語であり、日本は直接かかわらない。異国、異域の伝記絵巻であり、絵画イメージのはたす役割は絶大である。この時代の人々は、絵巻を通して、異国や異人など異域世界のイメージを形作っていたといえよう。

絵巻を制作する主体は、作成を依頼したり、命令したりする願主がいて、それを受けて実際に絵巻を作る絵師の集団がいる。絵師も下絵を描く者、彩色を施す者等々、プロデューサーから現場の専門の絵師からさまざまな役割があったが、その中ではたして実際に中国や朝鮮半島などに赴いた人はほとんどいなかったであろう。たとえば、異国も龍宮や冥途《めいど》の異界も同じような景観になってしまうのはそのためである。

彼らは、さまざまな情報や知識、あるいは蓄積された絵手本の類を集めて分析し、想像をふくらませて制作に当たったに相違ない。日本から見た異国であり、異人たちであった。そのようにしか異文化をとらえられない限界を言うのはたやすいだろう。しかし、むしろ、これらの絵巻は、今まで見たこともない異域をいかに描くか、という想像力の限界にいどんだ貴重な成果と目すべきであろう。

Ⅲ　遣唐使にまつわる絵巻

『東征伝絵巻』

これらの絵巻でなかでも『吉備大臣入唐絵巻』とかかわりの深いのは、名高い鑑真（六八八〜七六三）の伝記を描いた『東征伝絵巻』である。なぜなら、真備が二度目に遣唐使として派遣された帰りの船に鑑真が秘密に乗って渡来したからで、しかもこの絵巻には真備らしき人物も描かれているのである。

この絵巻は、八世紀末、現存最古の長文の漢文伝である『唐大《だい》和上《わじょう》東征伝』（『鑑真過海大師東征伝』）をもとにしている。七七九年、淡海《おうみの》三船《みふね》が鑑真の従僧である思託の要請により述作した。日本に律宗を伝え唐招提寺《とうしょうだいじ》の開祖となった唐僧鑑真の事績をまとめた伝記であり、後にこれをもとに漢文体を和文化して絵をつけたのが『東征伝絵巻』である。十三世紀末期、南都の仏教復興の機運を背景に、唐招提寺の末寺に当たる鎌倉の極楽寺の開山、律宗の忍性《にんしょう》が弟子の蓮行《れんぎょう》に絵巻を描かせ、唐招提寺に施入したもので、五巻本として唐招提寺に現蔵する。渡航に失敗して目が見えなくなっても日本に来た苦難の旅とその布教を描いた感動的な絵巻である。

絵巻は鑑真が十四歳で出家する段に始まり、日本の入唐僧栄叡、普照らの懇請により渡日を図り、再三の苦難を経て来朝、唐招提寺に入寂するまでの物語が描かれる。各巻（第二巻を除く）の奥書により、詞書は美作前司《みまさかのせんじ》宣方《のぶかた》から四人、絵は六郎兵衛蓮行で、永仁六年（一二九八）の作であることが知られる。また一部の見返しには、鎌倉極楽寺の忍性が本寺に施入したことが記される。蓮行の伝記は明らかでないが、鎌倉在住の画工と推定されている。中国における場面を中心に、背景の山水や樹木に宋の画風を意識した描法が多く、また地方画壇特有の雰囲気もあるとされ、十三世紀の絵巻としては特異の作風を示す。制作年代の明らかな点とあわせ、絵画史的にも重要である。
二〇一六年、奈良国立博物館の忍性展で全巻展観に供されたことは記憶に新しい。

鑑真の生涯

ここで鑑真の生涯をたどっておこう。六八八年、唐の揚州江陽県《こうよう》に生まれ、十四歳で智満《ちまん》に師事して得度し、大雲寺に住み、十八歳で道岸《どうがん》から菩薩戒《ぼさつかい》を受け、二十歳で長安に入る。翌年、弘景《こうけい》から律宗・天台宗を学び、南山律宗の継承者となる。後に揚州の大明寺《だいめいじ》の住職となり、七四二年、遣唐使多治比広成の船団で日本から来た僧栄叡、普照らから日本に戒律を伝えるよう懇請され、自ら渡航を決意する。最初の渡海の企図は七四三年だが、鑑真の出国を嫌った弟子が密告したため、未遂に終わる。ついで七四四年、出航するが暴風に遭って、いったん明州に帰還、再度出航を企てるが、鑑真の渡日を惜しむ者の密告により、栄叡が逮捕され、失敗に終わる。その後、栄叡は病死を装って出獄、江蘇《こうそ》や浙江からの出航は困難だと判断し、一行は福州へ向かう。しかし、この時も弟子霊佑《れいゆう》が鑑真を気遣って渡航阻止を役人に訴え、出航は中止される。

七四八年、栄叡が再度、鑑真に懇願、五度目の渡航を決意して出航するが、激しい暴風に遭い、漂流の末、南方の海南島に漂着。鑑真は当地の大雲寺に一年間滞留し、医薬の知識を伝えた。七五一年、鑑真は揚州に戻るため海南島を離れるが、途上で高弟の祥彦《しようげん》と日本僧栄叡が死去。揚州に帰還する間に鑑真は疲労などにより、両眼を失明する。

七五三年、遣唐使の大使藤原清河らが鑑真を訪れ、日本への渡航を約束する。この時の副使の一人が吉備真備であり、阿倍仲麻呂も帰還をめざして同行していた。しかし、明州当局の許可が出ず、大使清河は鑑真の乗船を拒否する。ところが、遣唐副使の大伴古麻呂は秘密に第二船に鑑真を乗せる。これが運命の分かれ道であった。三隻は十二月に阿児奈波嶋《あこなはじま》（現在の沖縄本島）に到着。滞在後、南風を得て沖縄から多禰嶋《たねのしま》（現在の種子島）めざして出航するが、清河と仲麻呂の乗った第一船は座礁、後にベトナム北部に漂着。結局は唐に戻り、二人は日本に帰ることなく、客死する。鑑真の乗った第二船は屋久島から薩摩の秋妻屋浦（坊津）に漂着。大宰府を経て奈良平城京に入ったのは、天平勝宝六年（七五四）であった。渡航の企図から実に十二年の歳月がたっていた。ちなみに真備の乗った第三船は紀州の牟漏崎に漂着する。二度も遣唐使を経験して往復の路程で事なきを得たのは幸運というほかないであろう。

奈良では鑑真は東大寺大仏殿に戒壇を築き、上皇から僧尼まで菩薩戒を授けた。登壇授戒の初めで、常設の東大寺戒壇院が建立され、その後、日本の東西で登壇授戒ができるように、日本に着いて最初に授戒した大宰府観世音寺と、関東の下野国《しもつけのくに》薬師寺とに戒壇が設置された。天平宝字三年（七五九）、新田部《にいたべ》親王の旧邸宅跡をもとに唐招提寺を創建、戒壇を設置した。また、鑑真は戒律ばかりでなく、美術工芸建築をはじめ医薬の造詣も深く、悲田院を作って貧民救済にも積極的に取り組む。天平宝字七年、唐招提寺で死去。七十六歳であった。

鑑真の功績は戒律ばかりでなく、弟子の法進《ほうしん》や思託ら十四人の僧、三人の尼をはじめ、胡人《こじん》、崑崙人、占城《チャンパ》国人等々の技術者ら二十余名を伴い、貴重な経典類、仏像仏具、書籍、食品、医薬品類を日本にもたらした。現存するものに仏舎利と舎利壺《しゃりつぼ》、王羲之《おうぎし》真筆などがある。

淡海三船の伝記『東征伝』は、鑑真の弟子の思託が書いた『大唐伝戒師僧名記大和上鑑真伝』（『大和上伝』）をもとにする。思託は『延暦僧録』の僧伝集成で知られる。

絵巻の世界

以上のごとき鑑真の不撓不屈《ふとうふくつ》の生涯を絵画として視覚化したのが『東征伝絵巻』全五巻である。鑑真の没後及び伝記の成立から五百数十年以上後であり、ここまでみてきた『吉備大臣入唐絵巻』からちょうど百年後に相当する。画面は比較的高い視点から俯瞰《ふかん》される構図で一貫しており、とりわけ遭難の画面は迫真の描写で目を引きつけずにはおかない。海難表象の貴重な図像としても着目されよう。

しかも、この絵巻で、藤原清河を大使とする遣唐使が鑑真を船に乗せる場面があり、その一団に副使の真備らしき人物も描かれているのである。七五三年、清河ら遣唐使一行が揚州の延光寺に到着、鑑真と対面する。遣唐使の一行が右手からやって来て門で出迎える僧たちと向かい合う。遣唐使の一団は三つに分れ、一番左手の門寄りに大使の清河ら、少し離れて右手に副使の大伴古麻呂の一団、さらに右手のすやり霞に下半身を覆われた一団が描かれる。この最後の一団の束帯姿こそ真備であろうと思われる。この一団には阿倍仲麻呂もいたはずだが、それとは分からない。ただ、堂内で鑑真と一行が対面する次の場面では、左手に椅子に座す鑑真と相対して、床に座る浅黄色の直衣《のうし》の清河を一番前に、束帯姿の貴族が四人取り囲むように座る。そのうち、一人は堂内だが、残りの三人は外側のタイル貼りの廊に座す。堂内の束帯が副使の古麻呂であろうから、廊に座す三人の中の一人が真備であろう。仲麻呂もいる可能性がある。

次にいよいよ出港する場面では、当局が鑑真の渡航を禁じた結果、清河から乗船を拒否されるが、副使の古麻呂が秘密裏に自分の第二船に匿《かくま》って乗せる。画面では、白地に赤い縁の遣唐使船が四隻並んで出港するところで、中央の船が緑の屋形をしつらえた特別仕立てで、大使の乗る第一船と思われる。下から二隻目に鑑真と束帯姿の副使が乗っているから、真備の乗る第

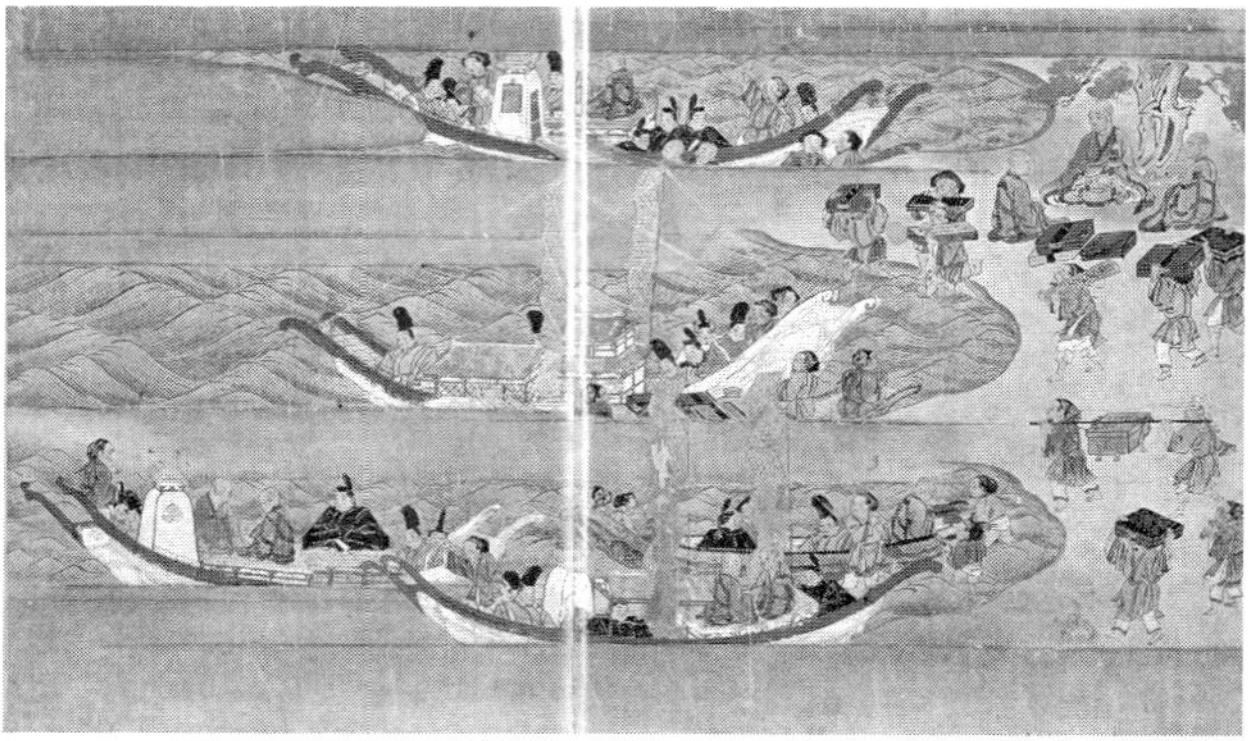

『東征伝絵巻』一番手前か、最上方の船に乗る束帯姿のいずれかが真備であろう（唐招提寺所蔵　日本の絵巻『東征伝絵巻』中央公論社刊より）

三船は一番手前か、最も遠くの船であろう。絵師がどの程度意識していたかは不明であるが、そこに描かれた束帯姿の人物のいずれかが真備であることは疑いをいれない。期せずして真備が描かれていたことになろう。

ついでいったん鑑真を下ろして、陸にいる鑑真一行を描き、すぐに続いて再度出港する船が三隻描かれる。ここでは、鑑真の姿は描かれないから、いったん鑑真を下船させて第二船内に隠したことを表わすのであろう。この場面に続いて、二隻の空の船が日本に着岸している様が描かれる。これは古麻呂と鑑真を乗せた第二船と真備の乗った第三船を意味するとみなせよう。清河と仲麻呂の乗った第一船はベトナム方面に漂着、ついに日本には帰れなかったから、それを暗に示唆していることにもなる。運命のなせるわざというほかない。

はからずもこの『東征伝絵巻』は遣唐使派遣史上、最大の、と言っても過言ではない、運命的な航海の姿を描き出していたのである。

さらに絵巻では、日本に着いた鑑真が平城京まで来て東大寺に入る際、真備が勅使として赴き、聖武天皇の詔《みことのり》を伝える場面が描かれている。詞書はなく、画面にのみ形象される。『東征伝』には、詔に「喜慰喩《たと》ふる無し」「今よりして以後、授戒伝律ひとへに和上に任す」という、とある。

『弘法大師行状絵詞《えことば》』

ついで、これも遣唐使にかかわる弘法大師空海の伝記絵巻をみておこう。『弘法大師絵伝』（総称として）は、日本の真言宗を開いた空海の伝記を描いた絵巻で、中世以降いくつも制作された伝記の絵画化である。空海は讃岐《さぬき》（今の香川県）の出身で、四国で修行後、遣唐使の一員として、後に比叡山延暦寺で天台宗を起こす最澄《さいちょう》（伝教大師）と共に中国に渡る。最澄が南の天台山をめざしたのに対して、空海は長安に入り、青龍寺で恵果《けいか》から密教を修学する。インドの密教を直伝した恵果との出会いは運命的であり、まさに直系の密教の法流を伝授したのである。同輩に新羅の僧もいたが、後世それほど名を残しておらず対照的である。

長安滞在中の逸話としては、両手両足と口を使って書を書く五筆和尚の話、長安から投げた独鈷《とっこ》が高野山に届く話等々がある。さらには、中世の伝記では天竺にまで赴いた説も作られるなど、数々の逸話が生み出された。また国内各地を巡歴する弘法大師伝説も各地にひろまり、修善寺の独鈷の湯をはじめ湧水伝説や杖立て伝説などがよく知られている。

帰国後に京都の東寺をはじめ、真言道場を開き、紀伊の高野山に入って金剛峯寺《こんごうぶじ》を建立。平安仏教の基礎を築き、後世に大きな影響力を与えた。高野山の奥の院で入定した信仰がひろまり、伝説化され、時代ごとに多くの伝記が生まれた。各種の『弘法大師伝』は十二世紀あたりから制作され、時代ごとに成長し、多彩に展開する。伝記の一環として絵巻化されるのは遅れて十三世紀以降であるが、いくつかのヴァージョンがある。『高祖大師秘密縁起』(十三世紀中頃)、『高野大師行状図画』(一二七二年頃)等々があり、近世の版本も多い。

ここでは、日本絵巻大成に所収される十四世紀末期、東寺蔵『弘法大師行状絵詞』全十二巻を中心にみておこう。中国とのかかわりを描く巻三から巻五の部分のみに注目すると、まず八〇四年の藤原賀能を大使とする遣唐使が出航、嵐に見舞われ、大波に木の葉のように揺れる船が描かれ、空海が『金剛般若経』を写して読誦するや波が収まり、福州に到着する。大使の書いた書類が役人に投げ捨てられ、空海があらためて正使としての書類を書いて感嘆され、入国が許可、長安から勅使が到来、福州の街の人々の様子も描かれ、やがて長安に入る。一行の大使と副使よりも空海の方が周囲の人々の衆目を集め、指さしたり中には拝んでいる人もいる。先頭の勅使が宮殿の門近くに達し、両側に武人が槍《やり》を立てて座しているあたりの場面描写は、『吉備大臣入唐絵巻』の宮殿前の画面によく似ている。参照した可能性があるように思うが、宮殿周辺を描く表現の型や絵手本があったのだろう。

ついで詞書の後に山合の滝や松樹から青龍寺の堂内で空海と恵果が対面する場面になり、さらには、伝法灌頂《でんぽうかんじょう》の儀礼のための金堂の荘厳《しょうごん》が描かれ、幡《はた》が風に翩翻《へんぽん》とひるがえるさまが描かれ、続いて食堂で僧侶たちに斎《とき》を設ける様が描かれる。儀礼自体は描かれない。

巻四では、恵果の孫弟子に当たる珍賀が空海を妬んで恵果に訴えるが、夢に神人が現れて降伏《ごうぶく》されたため、悔悛《かいしゅん》して空海に謝罪する。また、奈良興福寺の修円《しゅえん》が空海を妬んで護法童子《ごほうどうじ》を遣わせて、長安にいる空海の様子をうかがわせるが、空海が恵果から秘法を伝授する際、金剛界の火界の呪であろうか、炎の結界ができて、護法童子はなすすべもなく撃退される。

そして、恵果の、絵でなければ真意が伝わらないとの言に従い、曼荼羅《まんだら》絵像を描かせ、写経や法具の制作にかかり、恵果からは仏舎利や経典を授かる。やがて恵果がみまかるが、その場面はほとんど釈迦の涅槃図《ねはんず》をもとにしている。恵果の墓の光景は雪景色に包まれる。恵果入滅の際、空海のもとに雲に乗った恵果が飛来、弘法《ぐほう》を談議する。そして、皇帝に招かれ、両手両足と口に筆をとって、壁に文字を書く、樹という文字であった。これが五筆和尚の名の由来となる。皇帝から中国に残るよう慰留され、数珠を授かる。

その後、川のあたりで童子と出会い、水の流れに文字を書いてみよと言われ、詩を書くと水にながれ、童子が龍の字を書き、空海の助言で最後の一点を加えると龍が轟然《ごうぜん》と水から飛び立つ。童子は文殊の化身であった。また、長安の醴泉寺《れいせんじ》で梵僧《ぼんそう》の般若、牟尼室利《むにしり》、婆羅門《ばらもん》の三人に会い、経典類を授かり、弘法を託される。

巻五では、八〇六年、遣唐使高階真人《たかしなのまひと》の船で、行きも一緒だった橘逸勢《たちばなのはやなり》と帰還できることになる。空海は浜で恵果から授かった龍猛《りゅうみょう》・龍智《りゅうち》以来相伝の法具の三鈷《さんこ》を真言道場の勝地に届くよう祈願して日本に向かって投げる。海上を飛ぶように走る奇瑞《きずい》の雲に包まれた金色の三鈷が飛んでいく様が描かれ、次の詞書の後には、博多の海辺が描かれ、大宰府庁に入った空海がいる。唐の海辺から日本の海辺へ、という海のつながりで帰還が示される、巧みな描法である。

以上が『弘法大師行状絵詞』の中国関連の概要であるが、空海を神格化する方向で画面も構成されており、あまたの逸話に彩られている。僧伝の内実がことごとく説話であることがよく分かる。何より『吉備大臣入唐絵巻』以来の表現伝統ともいうべき遣唐使船の図像をはじめ、ここでは対応する中国側の様子も描かれ、街や宮殿の役人や庶民の姿も描き込まれている。

空海は恵果から密教を伝授され、遣唐使が遅れてきたおかげでその帰国船に便乗し、わずか二年で帰還することができた。これも宿縁というほかないだろう。

Ⅳ 異国と異境を描く

『華《け》厳宗《ごんしゅう》祖師絵伝』

右の二作は、遣唐使にかかわり深い絵巻であったが、次の『華厳宗祖師絵伝』（『華厳縁起』とも）は新羅の僧義湘と元暁が中心の絵巻である。内容上は新羅と唐の往還が主で日本にかかわらないが、新羅の華厳宗隆盛が日本の華厳宗に深くかかわっていた。鎌倉期十三世紀前半、洛北《らくほく》の高山寺《こうざんじ》開祖の明恵《みょうえ》上人ゆかりの絵巻である。高山寺に現存し、全六巻からなる。新羅の華厳宗の開祖、元暁と義湘両大師の伝記を描いたもの。もと義湘絵四巻、元暁絵二巻からなり、双方は別筆である。原拠は中国の『宋高僧伝』であるが、かなり物語化されている。

義湘（六二五～七〇二）は新羅の僧で、新羅における華厳宗、「海東華厳」の祖とされる。六五〇年、同学の元暁とともに唐留学の旅に出るが、高句麗国境の付近で挫折。義湘のみ六六一年、宿願の唐留学をはたし、翌年、長安終南山の至相寺《しそうじ》で唐華厳宗の第二祖智儼《ちごん》に学び、六七一年に新羅に帰国。六七六年に文武王《ぶんぶおう》の勅命をうけて浮石寺《ふせきじ》を建立、新羅における華厳宗の根本道場とした。海印寺・玉泉寺・梵漁寺・華厳寺等のいわゆる華厳十刹で教学を広め、義湘十哲といわれる多くの門弟を輩出した。

元暁（六一七～六八六）も新羅の僧。義湘と共に唐に渡ろうとするが、髑髏《どくろ》の水を飲んで忽然《こつぜん》と悟り、そのまま帰還し、以後、華厳教学の研鑽《けんさん》を積み、『華厳経疏《けごんきようそ》』『大乗起信論疏《だいじようきしんろんそ》』等々、多くの著述を残す。武烈王《ぶれつおう》が公主を嫁がせ、子をなすことでも知られる。弟子の審祥《しんじよう》が日本に華厳宗を伝えたので、東大寺など南都で華厳宗が隆盛し、中世の笠置寺《かさぎでら》の貞慶《じようけい》や高山寺の明恵らの信奉も集めることになる。

二人共に中国の『宋高僧伝』に伝記が収録され、これが『華厳宗祖師絵伝』の典拠ともなっている。高麗時代の『三国遺事《さんごくいじ》』にも二人の伝記は載っているが、『宋高僧伝』とは内容は異なる。

『華厳宗祖師絵伝』の元暁絵は、元暁が義湘とともに旅立つが、塚屋で鬼の夢を見て忽然と悟り、そのまま帰還して風雅に遊ぶ。皇帝の后の病気平癒のために中国行きの勅使が龍宮からもらってきた『金剛経』に注釈を施し、講釈して治す話題が中心である。新羅の勅使が唐に行く途中、龍宮からの使者に招かれて龍宮に赴き、龍王から経典を譲り受ける場面は、海上に浮かび上がる勅使と使者の周囲の海が円形にぽっかり穴が空いた形になり、円の縁を波が巻き上がっている。海は分厚い絨毯《じゅうたん》のようで、海底は空洞化し、底に龍宮の屋根がのぞけて見える。当時の龍宮観がよく分かる貴重な例にもなっている。

また、この絵巻には、画面に直接、言葉がいろいろ書き込まれている。これを画中詞《がちゅうし》という。大半は「〜のところ」という場面の説明と人物のせりふ・会話とに大別される。絵巻史上、画中詞の早い例として注目されるものである。

今の元暁絵の海上における勅使と龍宮の使者の対面では、使者が周囲で躍り上がっている怪魚の摩竭魚《まかつぎよ》を指して、我等の使役するものだから、恐れる必要はないと言うように、絵があって初めて成り立つ言葉である。あるいは、大安聖人が市場を遊行する場面では、市場の店での売り買いをめぐる人々のせりふがさまざまに書かれている。ストーリー展開から逸脱した画面を楽しむような会話が書き込まれているのである。

一方、『華厳宗祖師絵伝』の義湘絵は、途中から戻った元暁に対して義湘だけ中国に赴き、長安終南山の至相寺で智儼から華厳宗を修学するが、山東の登州《としゅう》で出会った檀越《だんおつ》の女人善妙《ぜんみょう》に求愛され、宗教的な愛に昇華させる。義湘の帰還の際、善妙は見送りに港まで来るが船はすでに出港した後で、悲嘆した善妙は海に身を投じて龍に変身して守護神となり、新羅まで送り届ける。華厳寺院創建の際も、善妙は妨害に来た輩《やから》を巨大な浮石となって撃退する。ために寺を浮石寺と名付けたという。

こうして元暁絵と義湘絵とは、龍宮と龍神の回路でつらなっていることが知られるが、ここにはすでに新川登亀男の指摘があるように、東シナ海をめぐる航海の龍神信仰圏が深くかかわっているであろう（『日本古代の対外交渉と仏教』）。高麗時代の『三国遺事』の義湘伝では、義湘の着いたのは南の揚州とされ、『宋高僧伝』の登州と大きく相違する。朝鮮半島沿いに伝って山東半島に達するルートの方が航路としては考えやすいが、一方の揚州も日本の遣唐使が上陸点としていたように、ありうる場所である。善妙は山東もしくは揚州を拠点に海洋交易を担う富豪の娘であり、航海や交易を祈願する立場に義湘はあったといえる。

この善妙の物語は『宋高僧伝』にだけみえるもので、『三国遺事』義湘伝にはみえない。本絵巻は『高僧伝』をもとに和文に翻訳したものである。『高僧伝』に収録される以前、すでに唱導系の何らかの語りや語り物としてひろまっていたのであろう。仏法の力で海洋交易を守ることから、このような物語が生まれたと想定される。『三国遺事』には収録されなかったが、朝鮮半島でもこの物語はひろく流布し、今も浮石寺には善妙閣なる小堂が祀られているし、東海岸の洛山寺をはじめ所々の寺院には善妙の話題が壁画に描かれている。

日本では、とりわけ明恵の善妙への帰依が名高く、明恵が記した夢の記録『夢記《ゆめのき》』での登場をはじめ、尼寺善妙寺の建立などでも知られる。

この絵巻は女人教導の目的で、明恵が監修し詞書をなし、両祖師の姿には明恵自身が投影されているといわれる。高僧伝絵の最初期を飾る優品で、宋画の影響が見られるが、異国、異界、異類を描く絵巻としても興味深いものがある。残念ながら善妙が敵対者を撃退する浮石をめぐる画面は今日伝わらないが、どのように描かれていたのであろうか。浮石寺には、今も浮石の文字が刻まれた横長の巨石が境内にある。善妙はまさに中国に発して、朝鮮半島や日本の東アジア世界に生き続けているのである。異文化交流をうかがう上でまことに貴重な絵巻の一つといえよう。

『玄奘三蔵絵』

中国唐代、求法のために西域から天竺に赴き、サンスクリット語の経典を持ち帰り、漢訳に努めた名高い玄奘三蔵の伝記を描く絵巻。全十二巻。十四世紀初、鎌倉時代末期の作で、絵は『春日権現験記絵巻《かすがごんげんげんきえまき》』と同じ高階隆兼《たかかね》。藤原氏の氏寺で法相宗《ほっそうしゅう》の中心である奈良の興福寺の至宝であった。現在は藤田美術館蔵。二〇一一年、平城京遷都千三百年を記念して奈良国立博物館で全巻が展示された。

玄奘（六〇二～六六四）は六二九年に国禁を犯して天竺への求法の旅に出、六四五年に経典や仏像を持ち帰り、訳経作業を展開、法相宗の開祖となり、鳩摩羅什《くまらじゅう》と並び称される訳経僧として知られる。また、天竺の旅を記録した『大唐西域記』は冠たる一大旅行記で、西域や天竺の貴重な地誌としても名高く、後世の『西遊記』に結晶する。また弟子がまとめた『大唐大慈恩寺三蔵法師伝』（『慈恩伝』）も基本の伝記であり、本絵巻の詞書も後者がもとになっている。夢で須弥山に登って下界をながめる夢想によって天竺行きを決意し、苦難の求法の旅や帰還後の訳経の現場などが華麗な色彩であやなされ、大和絵《やまとえ》絵巻の傑作の一つとなっている。

実はこの絵巻が、今までみてきた『吉備大臣入唐絵巻』の画面を利用していることが知られる。今でいえばパクリであるが、お手本として学んだ結果と思われ、絵巻制作にはしばしばみられることである。たとえば、巻七の戒日王が烏荼《うだ》国の小乗僧に愁訴される画面は、正面に向かって左右に随身が並んで座すが、その座台は豹の毛皮が載り、階の上で左側に侍臣、右側に僧たちが床に座り、奥の中央に王が椅子に座る。この場面は『吉備大臣入唐絵巻』の真備到着を王に報告する画面や『文選』解読を報告する画面に似かよっている。ほかにも従者が腕をかいている図像などもきわめて似ており、影響関係にあるとみてよいだろう。

旅の苦難と、仏蹟の巡礼、敵対者と援助者、帰依する国王や長者など、霊験奇蹟の物語が横《おう》溢《いつ》する。夢で須弥山に登る場面、雪の天山山脈を越える場面、荒れ果てた祇園精舎《ぎおんしょうじゃ》に詣でる場面等々、圧巻の描出で観る者をひきつけずにおかない。とりわけ、釈迦が悟りを開いた菩提樹で、葉が空《むな》しく散り落ち、囲われた遺蹟の観音像が胸のあたりまで沈んでいる様は胸を打つものがある。仏の教えがゆき渡らなくなるのに応じて、観音像が次第に沈んで最後は埋もれてしまうという予言の通り、終末的な衰退の予徴の画面として際立っている。その一方で玄奘が学にいそしむ那蘭陀《ならんだ》寺院の繁栄ぶりや玄奘に帰依する各国の王をはじめとする人々による荘厳、華麗な行列や法会のしつらいは、仏法衰退の予感を覆すほどの豪壮な場面形象となっていて、粟散辺土《ぞくさんへんど》の日本における仏法隆盛の祈願と現出とも二重映しとなっているかのようである。

『吉備大臣入唐絵巻』

『玄奘三蔵絵』

『吉備大臣入唐絵巻』

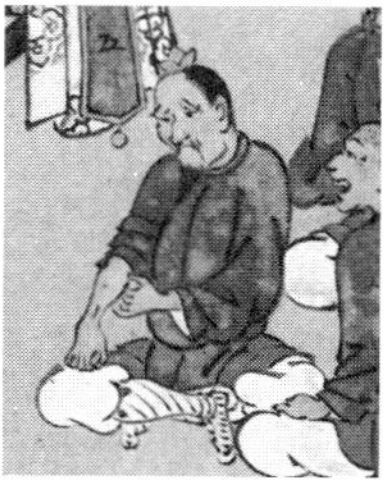

『玄奘三蔵絵』

『玄奘三蔵絵』の『吉備大臣入唐絵巻』との類似点
（続日本の絵巻『玄奘三蔵絵』、日本の絵巻『吉備大臣入唐絵巻』中央公論社刊より）

玄奘の旅はまた釈迦の伝記（仏伝）の旅とも重なっており、釈迦の前世からの生涯をたどることにもつらなっている。右の成道の菩提樹の場面をはじめ、前世の物語の本生譚、たとえば敦煌莫高窟の壁画や法隆寺の玉虫厨子《たまむしのずし》などで名高い、飢えた虎に我が身を投げ与える薩埵《さった》太子の話の現場を玄奘が訪れ、悲しみに竹が紅《くれない》に染まったと語られ、実際に竹が赤く染まり、周囲に虎がいる様子が描かれている。故事となった仏伝を現地で確認し、追体験しようとするもので、絵画による臨場感はまた格別のものであったろう。物語本文の詞書では、紅の涙による模様の斑竹の故事と結びつけられる。文飾のまさった表現であり、私にいう〈法会文芸〉などでよく用いられるものの投影であろう。物語本文の指向と絵画の指向との表現の指向性の差違がよく出ている。

おわりに

以上、前半では、新羅の文人で後世に伝説化される崔致遠の伝記を中心にその物語構造が大国・小国の劣等優越感の反転を示すものとして、『吉備大臣入唐絵巻』の物語と共通する位相にあることをとらえてみた。また、後半は日本中世の絵巻を中心に、『吉備大臣入唐絵巻』とも連関する遣唐使の物語をはじめ、異文化交流をテーマとする諸相を検討してみた。

異国や異境の世界をどう認識し、表出するか、いかに視覚化するか、という課題に挑戦したのがこれらの絵巻群であり、それもまた一つの貴重な歴史表象であった。

異文化交流の旅を日本においてはるかに仰ぎ見つつ、夢をはせ、可視化し、遠くの見えない異境の世界を絵画によって見晴るかそうとする果敢な試みであった。

あとがき

十二世紀末期の『吉備大臣入唐絵巻』を中心に、遣唐使吉備真備の物語を追って、八世紀から二十世紀まで、思わず長い旅を続けてきた。その旅は、歴史実体としての遣唐使から幻想や仮構の遣唐使へ、言いかえれば「創造された遣唐使」の言挙げの旅である。遣唐使の物語は、東アジア文化交流の象徴として、時代を越えて国際関係のあり方を探る拠り所、すなわち〈外交神話〉であり続けている。そのことの再認識、追認の旅でもあったように思う。従来の歴史学が追究してきた遣唐使とはまた異なる遣唐使を描く試みであり、作られた遣唐使〈像〉もまた、もうひとつの歴史にほかならない。

これら遣唐使説話や物語は歴史事実とは似ても似つかない、現実にはありえない絵空事、まさに荒唐無稽で、従来まともな研究対象になりえなかった。しかし、そのような作り物に託された人々の想いや願いを無視したり抹殺したりすることはできない。それもまた時代ごとの遣唐使〈像〉の意義を担っており、真摯にその意義を検証されるべき課題ではあるまいか。遣唐使に託して生み出された説話・物語群の意味するものは何か。それらがどのように読まれ、受け継がれていったのか。その一念で追い続けてきた感があり、試みが成功しているかどうかは読者にゆだねるほかない。

吉備真備が物語世界で数奇な旅を続けたように、本書の成る機縁もまた数奇であったといえようか。本書の企画は当初、故増尾伸一郎氏が担うはずであったが、彼の急逝によって、こちらにお鉢が回ってきた次第で、彼が元気でいたら私が本書を担当することはなかったであろう。何とも皮肉な巡り合わせで、ともかく彼の遺志をはたすためにも、シリーズの第二巻に位置づけられていることからしても、他の山積する仕事をひとまず棚上げにして執筆を急がざるをえなかった。

彼の企画書も参照はしたが、やはり起点や土台が違うから、身代わりにはなれず、我が想いの道を行くほかなく、必然的に『吉備大臣入唐絵巻』の解読が中心となり、「本と日本史」シリーズの「本」に、絵巻を加えるという、あらたな意味づけを施すかたちになった。これにあわせて、異文化交流の絵巻群についても言及し、『東征伝絵巻』『弘法大師絵伝』『華厳宗祖師絵伝』『玄奘三蔵絵』等々にふれることができた。私的には、以前から構想している異文化交流の文学史の一環としての意味もある。

増尾氏の構想には、もちろん真備の絵巻は入っていたが、遣唐使の持ち帰った暦書などの、より歴史に即した書物を学問史や学芸史から論じようとするもので、奈良時代から平安時代に至る陰陽道をはじめ、種々の知と学のありかが追究されたであろう。「本と日本史」の「本」には、おのずとずれや差違が生じたはずである。逆に彼だったら、真備の絵巻はどう扱われたであろうか。興味津々ではあるが、文字通り幻の見果てぬ夢となってしまった。これもうひとつの「遣唐使の夢」である。ふと、彼が意気揚々と遣唐使船に乗って彼岸に渡りながら、自らの新書と私の新書とを読み比べて、あそこが違う、ここはこうだ、といろいろ談議しているような幻想にもとらわれる。

朝鮮漢文を読む会の『海東高僧伝』注解、日仏共同研究の『酒飯論絵巻』論集、科研の共同研究の『東アジアの仏伝文学』論集、そして遣唐使をめぐる本書と、彼岸の増尾氏と向き合う形で続いてきた作業もようやくこれで一段落つきそうである。

二〇〇九年九月、ボストン美術館で『吉備大臣入唐絵巻』の閲覧が許され、つぶさにこの絵巻を観ることができたのは幸いであった。数奇な運命をたどり、八百年以上もの歳月を越えて生き続けてきたこの絵巻との出会いは忘れ得ぬ出来事であり、見えない蜘蛛の糸の導きによる想いを禁じ得ない。彩色の剝落が目につき、下絵の線描があらわになっている箇所も少なくなかった。とりわけ中門辺りで、牛車を扱う従者の連中が思い思いの格好で待機している画面では、車の轅《ながえ》に寄りかかっている男が描き直されていたり、玉座の龍頭などの飾り物があらたに描き直されていたり、幾たびも改修を重ね、塗り直され、補修されてきた経緯をうかがわせる。ことに、玉座の背後の障子絵の図様も実物を観ることで、はっきりしてきた。その結果、馬上の者が傘を手にしていることも判明した。

閲覧に際して、ボストン美術館のアン・モース氏、ハーバード大学のメリッサ・マコーミック氏をはじめ、お世話頂いた方々に篤《あつ》く御礼申し上げる。そして、調査の折りに直接お世話頂き、後にこの絵巻の詳細な論文を書かれた神田房枝氏に御礼申し上げる。

この絵巻は日本では、一九六四年の東京オリンピックの折りに、初めてお里帰りして本格的な修復がなされた。以後、二〇〇〇年三月、上野の東京国立博物館における文化財保護法五〇年記念「日本国宝展」に一部が展観。そして、ボストンで直接調査した翌二〇一〇年五月、奈良国立博物館の平城京遷都千三百年記念の「大遣唐使展」で四巻のうち二巻が展示され、デジタルの大画面も上映。さらに二年後の二〇一二年三月、東京国立博物館での「ボストン美術館日本美術の至宝」展の目玉の一つとして出展された。NHKテレビでも特別番組が放映され、私も『野馬台詩』にかかわる部分で少しだけ登場した。間近に調査撮影できた絵巻を立て続けに展覧会でも観ることができた。その後は、全面的な補修が施されるとのことであった。

時間の制約もあり、結果として『江談抄』論や絵巻論の解読の多くは前著『『野馬台詩』の謎』（岩波書店、二〇〇三年）におけるそれに拠らざるをえなかったし、先行研究にも依拠するところ大であった。ただ、絵巻の解読に関しては、宝誌の被り物の図像分析や絵巻の成立そのものを『野馬台詩』に直接に結びつけるなど、前著より考察を進めえた部分もある。真備と新羅の崔致遠との対比も、当初思いつき程度だった旧稿の比較論を、より進展させた金英順論文に拠って、さらに拡充することもできた。

本書の基本は、二〇一六年秋学期、中国人民大学の大学院での講義を起点とするが、最終章は準備が間に合わず、崔致遠論は、二〇一七年七月の明治大学での朝鮮古典小説をめぐるシンポジウムでの講演をもとにしている。その直後に赴いた韓国南部、智異山麓の新羅時代の古刹巡りの折り、崔致遠の杖立て伝説にもとづく椋の巨樹にも出会うことができた。これも啓示に近い機縁であった。遣唐使は決して日本だけの専売特許ではない。ここでは、崔致遠の例のみに止まったが、新羅の遣唐使は日本の比ではないほど、頻繁に赴いている。これに渤海などとの交流もかかわるし、遼・契丹とのつながりもある。遣唐使の課題は、東アジアの視野からより広範に読み解かなくてはならないだろう。

終章後半の異文化交流にかかわる絵巻論は概略に止めざるを得なかったが、とりわけ『東征伝絵巻』と『弘法大師絵伝』は遣唐使にかかわるもので、前者には鑑真を連れて船に乗せる一団に真備らしき人物が描かれていることはあらたな関心を呼び覚まされるものであった。あるいは、『玄奘三蔵絵』には、明らかに『吉備大臣入唐絵巻』から借用している図像がいくつか見られる。絵巻間の相互のつらなりもいろいろ見えてくるので、今後の課題としたい。


毎月のように通っている北京と東京の往還の途次、いつも脳裏をよぎるのは遣唐使のことばかりだった。もはや千数百年以前のことに属するが、遣唐使たちの命がけの渡航を思いやるたび、心が躍り、また、もだしがたい想いにもとらわれる。今や飛行機で数時間の旅であるのに比して、遣唐使の旅はあまりに重く、もはや想像の域を越えている。真備や仲麻呂たちはどういう思いで東シナ海を渡ったのであろうか。

たとえば、円仁の名高い『入唐求法巡礼行記』を見れば、その苦難の様がつぶさに記録され、胸を打たれる。入国を許されなかった円仁が山東半島沿海の航行で霧に閉ざされ、船がどこにいるのか分からなくなって、朝鮮半島南岸の多島海に入り込んだかとさえ錯覚する時の様子は、これからどうなるか、先行きが全く見えず、未来の漠たる不安や焦燥感にかられた円仁の心象風景と微妙に重なり合って印象深い。結局、円仁は赤山で下船して不法滞在を断行するが、まさにどこから来てどこへ行くのか、暗澹《あんたん》たる思いとともに一抹の希望もあったであろうか。多くの遣唐使たちも似たような思いを味わったに違いない。

真備とともに宝誌とのつきあいも長くなったが、二〇一六年十月、南京大学に講演に赴いた折り、旧知の野村卓美氏の案内で、北郊の宝誌ゆかりの志公殿や宝公塔を訪ねることができた。野村氏にはあらためて御礼申し上げる。ただ、宝誌を祀る宝公塔などは、明建国の朱元璋の墓地造営のために移動させられ、さらに蔣介石の国民党軍の墓地のために改葬されたという。よほど風水の地勢のよい場所であったのであろう。いずれにしても、場所は変わっても、その塔や殿は今日に至るも続いている。神異僧宝誌の記憶が今も生き続け、尊崇されていることが意味深い。

南京の北郊、霊谷寺の敷地内にある宝誌を祀る宝公塔。近くに志公殿もある（著者撮影）

訪れた当日、志公殿は戸が閉まっていて中に入れなかったが、なぜか軒下の床に宝誌の伝記の各場面を描いた額がいくつか立てかけてあった。カビや汚れで見えにくい箇所も少なくなかったが、それでも鳥の巣で生まれる場面や梁武帝の滅亡の予言をはじめ著名な場面のいくつかは判明した。扉の隙間越しに、中に安置される宝誌像や背後に描かれる宝誌像の壁画もかいま見ることができた。殿の前に置かれた額はまるで我々の訪れるのをひっそり待っているかのようだった。

そして二〇一八年二月に公開された映画「空海―KU-KAI―」である。夢枕獏の小説『沙門空海唐の国にて鬼と宴す』を映画化したもので、安倍晴明の活躍を描いた、かつての「陰陽師」にも匹敵するヒット作になるであろうか。すでに本書でもふれているように、真備や阿倍仲麻呂が長安に赴いた頃は、楊貴妃との悲恋で名高い玄宗皇帝の時代であり、安禄山・史思明の乱のために仲麻呂や清河は帰国が認められなかった。二人は玄宗から重んじられたようで、帰国するはずの船が遭難し、ベトナムまで漂着した折りには玄宗のはからいで長安に戻れたほどである。夢枕獏の小説では、楊貴妃の死の謎解きを数十年後の遣唐使として長安に渡った空海や橘逸勢が担い、呪術による唐滅亡を画策する幻術者たちと闘うという設定である。中国では「妖猫伝」の名ですでに前年から上映され、特に若い人たちの間で話題になっていた。

その出来映えの如何はさておいて、ここでもまたあらたな遣唐使神話が作られたことになる。

かつて一九八〇年代、井上靖の小説『天平の甍《いらか》』をもとにした映画やNHK特集の番組などを契機に西域ものがはやり、シルクロード・ブームが起きた時代があった。『天平の甍』や『敦煌』は映画にもなって話題を呼んだ。時代のサイクルをおいてそうしたブームがくり返されるのだろうか。いつの世にも変わらぬ異国や異文化への想いがその時々に間歇泉《かんけつせん》のように吹き出るのであろう。本書もまたそのような夢のひとつである。

資料に関して、金英順、目黒将史、高陽、山田洋嗣、吉原浩人各氏のお世話になった。深く感謝したい。忽卒《そうそつ》のもとに書き下ろしたゆえ、誤り多きを恐れる。種々ご批正を賜らば幸いである。

編集の労をとられた西潟龍彦氏、落合勝人氏に篤く御礼申し上げる。

二〇一八年四月六日

北京にて　小峯和明

参考文献

第一章

杉本直次郎『阿倍仲麻呂伝研究　朝衡伝考』育芳社、一九四〇年（手沢補訂本：勉誠出版、二〇〇六年）
森克己『日宋貿易の研究』国立書院、一九四八年（新訂版：『新編　森克己著作集』第一巻、勉誠出版、二〇〇八年）
木宮泰彦『日華文化交流史』冨山房、一九五五年
森克己『遣唐使』至文堂・日本歴史新書、一九五五年
宮田俊彦『吉備真備』吉川弘文館・人物叢書、一九六一年
佐伯有清『最後の遣唐使』講談社現代新書、一九七八年
高木博『万葉の遣唐使船』教育出版センター、一九八四年
鈴木靖民『古代対外関係史の研究』吉川弘文館、一九八五年
増村宏『遣唐使の研究』同朋舎出版、一九八八年
池田温『古代を考える　唐と日本』吉川弘文館、一九九二年
東野治之『遣唐使と正倉院』岩波書店、一九九二年
李成市『東アジアの王権と交易』青木書店、一九九七年
高見茂『吉備真備――天平の光と影』山陽新聞社、一九九七年
王勇『唐から見た遣唐使』講談社選書メチエ、一九九八年

佐伯有清『悲運の遣唐僧――円載の数奇な生涯』吉川弘文館・歴史文化ライブラリー、一九九九年
曹復『遣唐使が歩いた道』二玄社、一九九九年
東野治之『遣唐使船　東アジアのなかで』朝日選書、一九九九年
エドウィン・ライシャワー著、田村完誓訳『円仁　唐代中国への旅』講談社学術文庫、一九九九年（初版：原書房、一九八四年）
高見茂『吉備真備とその伝承』山陽新聞社、二〇〇〇年
『アジア遊学』二七号・特集「遣唐使をめぐる人と文学」勉誠出版、二〇〇一年
池田温『東アジアの文化交流史』吉川弘文館、二〇〇二年
佐伯有清『高丘親王入唐記』吉川弘文館、二〇〇二年
古瀬奈津子『遣唐使の見た中国』吉川弘文館・歴史文化ライブラリー、二〇〇三年
山内晋次『奈良平安期の日本とアジア』吉川弘文館、二〇〇三年
保立道久『黄金国家』青木書店、二〇〇四年
専修大学・西北大学共同プロジェクト編『遣唐使の見た中国と日本』朝日選書、二〇〇五年
『東アジアの古代文化』一二三号・特集「遣唐使墓誌をめぐる日中交流史」大和書房、二〇〇五年
上田雄『遣唐使全航海』草思社、二〇〇六年
東野治之『遣唐使』岩波新書、二〇〇七年
榎本淳一『唐王朝と古代日本』吉川弘文館、二〇〇八年
藏中しのぶ『『延暦僧録』注釈』大東文化大学東洋研究所、二〇〇八年

鈴木靖民編『古代日本の異文化交流』勉誠出版、二〇〇八年
森克己『新編　森克己著作集』全五巻、勉誠出版、二〇〇八～二〇一五年
森公章『遣唐使と古代日本の対外政策』吉川弘文館、二〇〇八年
鈴木靖民編『円仁とその時代』高志書院、二〇〇九年
遣唐使船再現シンポジウム編『遣唐使船の時代――時空を駆けた超人たち』角川選書、二〇一〇年
森公章『遣唐使の光芒――東アジアの歴史の使者』角川選書、二〇一〇年
図録『大遣唐使展』奈良国立博物館、二〇一〇年
河添房江・皆川雅樹編『唐物と東アジア――舶載品をめぐる文化交流史』勉誠出版・アジア遊学、二〇一一年
上野誠『遣唐使阿倍仲麻呂の夢』角川選書、二〇一三年
河内春人『東アジア交流史のなかの遣唐使』汲古書院、二〇一三年
小峯和明「異文化交流の文学史をめざして――円仁の巡礼記を読む・東アジア文学圏の構想」『立教大学最終講義』（私家版）二〇一三年三月
河添房江『唐物の文化史――舶来品からみた日本』岩波新書、二〇一四年
佐藤長門編『遣唐使と入唐僧の研究』高志書院、二〇一五年
井上亘『古代官僚制と遣唐使の時代』同成社、二〇一六年
小峯和明「長安・大興善寺という磁場――日本僧と新羅僧たちの長安・異文化交流の文学史をめざして」李銘敬・小峯編『日本文学のなかの〈中国〉』勉誠出版・アジア遊学、二〇一六年

マティアス・ハイエク「相人雑考」原克昭編『日本文学の展望を拓く・第三巻　宗教文芸の言説と環境』笠間書院、二〇一七年

第二章・第三章

小松茂美「「吉備大臣入唐絵巻」考証」日本絵巻大成『吉備大臣入唐絵巻』中央公論社、一九七七年
塩出貴美子「吉備大臣入唐絵巻考――詞書と画面の関係」『文化財学報』4集、一九八六年
原口志津子「「吉備大臣絵」の同一構図の反復について」『芸術の理論と歴史』思文閣出版、一九九〇年
深澤徹「吉備大臣入唐・外伝――「こよみ」をめぐる中世のモノガタリ」『書物と語り』若草書房、一九九八年
小峯和明『『野馬台詩』の謎――歴史叙述としての未来記』岩波書店、二〇〇三年
大室幹雄『囲碁の民話学』岩波現代文庫、二〇〇四年（初版：せりか書房、一九七七年）
深澤徹編『日本古典偽書叢刊』第三巻、現代思潮新社、二〇〇四年
黒田日出男『吉備大臣入唐絵巻の謎』小学館、二〇〇五年
今野達「吉備大臣入唐絵詞の周辺――隆国の記と女人の伝」『今野達説話文学論集』勉誠出版、二〇〇八年
神田房枝「「吉備大臣入唐絵巻」再考――その独自性からの展望」『仏教芸術』三一一号、二〇一〇年
谷口耕生「吉備大臣入唐絵巻――後白河院政期の遣唐使神話」『大遣唐使展』奈良国立博物館、二〇一〇年

拳骨拓史『兵学思想入門――禁じられた知の封印を解く』ちくま新書、二〇一七年
松本栄一『敦煌画の研究』「誌公像」東方文化学院東京研究所、一九三七年
長島健「宝誌和尚と揚州禅智寺三絶碑」『長島たけし文集』ワセダ・ユー・ピー、一九九二年
松本信道「宝誌像の日本請来の背景について」『駒澤大学文学部研究紀要』六三号、二〇〇五年
松本信道「宝誌像の日本伝播（一）――大安寺を中心として」『駒澤大学文学部研究紀要』六四号、二〇〇六年
北進一「神異なる仮面の高僧――四川省石窟宝誌和尚像報告」松枝到編『象徴図像研究――動物と象徴』言叢社、二〇〇六年
荒木浩『日本文学　二重の顔――〈成る〉ことの詩学へ』大阪大学出版会、二〇〇七年
小峯和明『中世日本の予言書――〈未来記〉を読む』岩波新書、二〇〇七年
松本信道「宝誌像の日本伝播（二）――天台入唐・入宋僧を中心として」『駒澤大学文学部研究紀要』六五号、二〇〇七年
佐野誠子「釈宝誌讖詩考」『陰陽五行のサイエンス　思想編』京都大学人文科学研究所、二〇一一年
小峯和明「予言者・宝誌の変成――東アジアを括る」久保田浩編『文化接触の創造力』リトン、二〇一三年
肥田路美「四川省夾江千仏岩の僧伽・宝誌・万廻三聖龕について」『早稲田大学大学院文学研究科紀要第三分冊』五八号、二〇一三年

吉原浩人「『心性罪福因縁集』法志「説法論議比丘」説話考―真福寺蔵新出院政期写本の紹介を兼ねて―」説話文学会大会発表、名古屋大学、二〇一七年
野村卓美「南京霊谷寺志公殿三絶碑探訪記」『華夏文化論壇』二〇一八年 第六期
『中世禅籍叢刊 第十二巻 稀覯禅籍集 続』臨川書店、二〇一八年(吉原浩人解題)

第四章

野村純一「民間説話総説Ⅱ(日本を視座に)――「魚養事」を巡って」『民間説話の研究――日本と世界』同朋舎出版、一九八七年
山下哲郎「軽の大臣小攷――『宝物集』を中心とした燈台鬼説話の考察」『明治大学日本文学』一五号、一九八七年
野村純一「魚の背に乗ってきた男たち――再説「魚養事」」『日中文化研究』四、勉誠出版、一九九三年
山下琢巳「仲麿・吉備入唐説話を扱う黒本・青本・黄表紙五種」『学芸国語国文学』二六号、『叢 草双紙の翻刻と研究』一六号、一九九四年
河原木有二「燈台鬼説話をめぐって」『語学と文学』二五号、九州女子大学国語国文学会、一九九五年
渡辺守邦「『簠簋抄』以前・補注」『説話論集・第四集 近世の説話』清文堂出版、一九九五年
山下琢巳「阿部仲麿入唐説話――その近世的変容をめぐって」『国語と国文学』一九九六年五月
小林幸夫「燈台鬼――連歌師と野馬台詩伝承」『説話・伝承学』六号、一九九八年
成田守「安部仲麿入唐記」『大東文化大学紀要』三六、三八号、一九九八、二〇〇〇年

金英順「東アジア孝子説話にみる異国再会譚――「燈台鬼」と「金遷」説話を中心に」『東アジアの文学圏』勉誠出版・アジア遊学、二〇〇八年
金英順「東アジアの入唐説話にみる対中国意識――吉備真備・阿倍仲麻呂と崔致遠を中心に」李銘敬・小峯和明編『日本文学のなかの〈中国〉』勉誠出版・アジア遊学、二〇一六年
丁莉『永遠的『唐土』――日本平安朝物語文学的中国叙述』北京大学出版社、二〇一六年
丁莉「『浜松中納言物語』における「唐土」――知識（knowledge）と想像（imagine）のあいだ」李銘敬・小峯和明編『日本文学のなかの〈中国〉』勉誠出版・アジア遊学、二〇一六年
丁莉「『竹取物語』に読む古代アジアの文化圏」金英順編『日本文学の展望を拓く・第一巻　東アジアの文学圏』笠間書院、二〇一七年

終章

石川八朗「近世対馬の文学資料・続」『九州工業大学研究報告（人文・社会科学）』三八号、一九九〇年
新徳美穂「朝鮮伝奇物語『新羅崔郎物語』翻刻」『厳原町資料館所蔵古典籍目録』厳原町教育委員会、一九九四年
権悳永『古代韓中外交史』一潮閣、一九九七年
卞麟錫『唐長安の新羅史蹟』亜細亜文化社、二〇〇〇年
河野貴美子「『新羅殊異伝』佚文「崔致遠〈仙女紅袋〉」について」『東アジアの文学圏』勉誠出版・アジア遊学、二〇〇八年

田阪正則「ハングル写本『崔忠伝』と『新羅崔郎物語』」『日語日文学研究』六六－二、二〇〇八年
濱田耕策「新羅の遣唐使と崔致遠」『朝鮮学報』二〇六号、二〇〇八年
濱政博司「「遊仙窟」と「崔致遠」」『水門――言葉と歴史』二一号、水門の会、二〇〇九年
小峯和明「東アジアの説話世界」小峯編『漢文文化圏の説話世界』竹林舎、二〇一〇年
濱田耕策編『古代東アジアの知識人　崔致遠の人と作品』九州大学出版会、二〇一三年

安藤更生『鑑真大和上伝之研究』平凡社、一九六〇年
蔵中進『唐大和上東征伝の研究』桜楓社、一九七六年
日本絵巻大成『東征伝絵巻』、『華厳宗祖師絵伝』中央公論社、一九七八年
蔵中進編『唐大和上東征伝　宝暦十二年版本』和泉書院、一九七九年
続日本絵巻大成『弘法大師行状絵詞』、『玄奘三蔵絵』中央公論社、一九八一、一九八三年
安藤更生『鑑真』吉川弘文館・人物叢書、一九八九年
新川登亀男『日本古代の対外交渉と仏教』吉川弘文館、一九九九年
楊暁捷「絵巻の表現様式への一試論――『玄奘三蔵絵』における漢文学の参与を手掛りにして」『文学』岩波書店、二〇〇一年九・十月
東野治之『鑑真』岩波新書、二〇〇九年
李銘敬「日本古典文芸にみる玄奘三蔵の渡天説話」王成・小峯和明編『東アジアにおける旅の表象　異文化交流の文学史』勉誠出版・アジア遊学、二〇一五年

高陽「悪龍伝説の旅――『大唐西域記』と『弁暁説草』」王成・小峯和明編『東アジアにおける旅の表象　異文化交流の文学史』勉誠出版・アジア遊学、二〇一五年

高陽「『大唐西域記』と金沢文庫保管の説草『西域記伝抄』」李銘敬・小峯和明編『日本文学のなかの〈中国〉』勉誠出版・アジア遊学、二〇一六年

高陽「『大唐西域記』と金沢文庫保管の『西域伝堪文』」荒木浩・近本謙介・李銘敬編『ひと・もの・知の往来　シルクロードの文化学』勉誠出版、二〇一七年

小峯和明（こみね　かずあき）

立教大学・名誉教授。中国人民大学・高端外国専家。文学博士。専門は、日本中世文学・東アジア比較説話。一九四七年、静岡県生まれ。一九七七年、早稲田大学大学院文学研究科博士課程修了。著書に『今昔物語集の形成と構造　補訂版』『説話の森――中世の天狗からイソップまで』『中世説話の世界を読む』『今昔物語集の世界』『野馬台詩』の謎　歴史叙述としての未来記』『中世日本の予言書――〈未来記〉を読む』など多数。

シリーズ〈本《ほん》と日本史《にほんし》〉②

遣唐使《けんとうし》と外交神話《がいこうしんわ》『吉備大臣入唐絵巻《きびだいじんにっとうえまき》』を読《よ》む

二〇一八年五月二二日　第一刷発行　　集英社新書〇九三二D

著者……小峯和明《こみねかずあき》
発行者……茨木政彦
発行所……株式会社集英社
東京都千代田区一ツ橋二-五-一〇　郵便番号一〇一-八〇五〇
電話　〇三-三二三〇-六三九一（編集部）
〇三-三二三〇-六〇八〇（読者係）
〇三-三二三〇-六三九三（販売部）書店専用

装幀……原　研哉　　定価はカバーに表示してあります。

印刷所……凸版印刷株式会社　製本所……ナショナル製本協同組合

 ISBN 978-4-08-721032-3 C0221

Printed in Japan

a pilot of wisdom

a pilot of wisdom

集英社新書 好評既刊

私が愛した映画たち
吉永小百合 取材・構成／立花珠樹 0922-F
出演作品一二〇本、日本映画の最前線を走り続ける大女優が、特に印象深い作品を自選し語り尽くした一冊。

TOEIC亡国論
猪浦道夫 0923-E
TOEICのせいで間違った英語教育を受けている日本人に向けて大胆かつ具体的な身になる学習法を解説。

スマホが学力を破壊する
川島隆太 0924-I
七万人の子供を数年間調査してわかったスマホ長時間使用のリスクと成績への影響。全保護者必読の一冊！

「東北のハワイ」は、なぜV字回復したのか スパリゾートハワイアンズの奇跡
清水一利 0925-B
東日本大震災で被害を受け利用客が激減した同社がなぜ短期間で復活できたのか？ その秘密を解き明かす。

人工知能時代を〈善く生きる〉技術
堀内進之介 0926-C
技術は生活を便利にする一方で、疲れる世の中に変えていく。こんな時代をいかに〈善く生きる〉かを問う。

大統領を裁く国 アメリカ トランプと米国民主主義の闘い
矢部 武 0927-A
ニクソン以来の大統領弾劾・辞任はあるか？ この一年の反トランプ運動から米国民主主義の健全さを描く。

国体論 菊と星条旗
白井 聡 0928-A
自発的な対米従属。その呪縛の謎を解く鍵は「国体」の歴史にあった。天皇制とアメリカの結合を描いた衝撃作。

村の酒屋を復活させる 田沢ワイン村の挑戦
玉村豊男 0929-B
「過疎の村」になりかけていた地域が、酒屋復活プロジェクトを通じて再生する舞台裏を描く。

体力の正体は筋肉
樋口 満 0930-I
体力とは何か、体力のために筋肉はなぜ重要なのか、体を鍛えるシニアに送る体力と筋肉に関する啓蒙の書。

広告が憲法を殺す日 国民投票とプロパガンダCM
本間 龍／南部義典 0931-A
憲法改正時の国民投票はCM流し放題に。その結果どんなことが起こるかを識者が徹底シミュレーション！